U0059813

大都會文化
METROPOLITAN CULTURE

大都會文化
METROPOLITAN CULTURE

大都會文化
METROPOLITAN CULTURE

大都會文化
METROPOLITAN CULTURE

打開心裡的門窗

爲你的心開扇窗

無論是在煩燥的日子裡、憂鬱的日子裡、迷茫的日子裡、失意的日子裡，還是快樂的日子裡，本書都會給你啓發和感動。俗話說「一句話點醒人生」，希望你在短暫的閱讀時間內，獲得人生的啓迪。

《打開心裡的門窗》是中國《讀者》雜誌簽約作家之一的李雪峰先生，繼《當成功遇見你》之後，奉獻給讀者的作品集。他以清新的筆觸、動人的故事，爲你解開生活中遇到的心靈之鎖。

《打開心裡的門窗》共分成「讓心靈成爲花園」、「人生貴在艱困時」、「爲生命多想一點點」和「人生，不隨便打草稿」四大部分。

「讓心靈成爲花園」中的小故事，如得道高僧講述的一段段禪語，讓人於細微之處有所領悟或覺醒。它告訴我們「讓心靈變成美德的田園，心靈就沒有了雜草的位置，一個人就變得無私和高貴了。」

「人生貴在艱困時」講述了一個個用心靈感知生命的小故事。《不複雜，幸福就很近》中講述了一個哲人請一個小孩、一個物理學家和一個數學家用最簡單的方法裝滿整個

序

屋子的事，那個可愛的小男孩用最短的時間、最簡單的方法點燃蠟燭，就把一個密閉的屋子裝滿了光明。難道科學家還沒有小孩聰明嗎？不是，是他們將簡單的問題複雜化了。生活原本是簡單的，用簡單的方法對待生活很快就會得到快樂！

「爲生命多想一點點」中，揭示了蘊藏其中的人生哲理。《窮人最缺什麼？》中的法國媒體大亨巴拉昂，當他還是一名服務生時，就已經下決心要成爲一名媒體大亨。而當他即將離開這個世界時，特意將捐獻所剩的一百萬法郎設立了一個獎項，要頒獎給能回答「窮人最缺什麼？」這個問題的人，結果一個小女孩蒂勒說出了答案：「窮人最缺的是野心！」而巴拉昂正是因爲有了「野心」才有了成功的基礎。

「人生，不隨便打草稿」中，一個個平凡人生中遇到的平凡小事，卻傳達出不平凡的哲理。《豐富生命給的盛宴》的那個非洲老人，並沒有因爲商人的大量訂貨而重複地去做木雕，而那個商人哈溫・斯曼卻受到老人啓發，放棄了經商，經過努力成了一名專欄作家。他說：「不停地讓自己豐富，那才是讓生命幸福而快樂的唯一方法。」

困頓不會集中在某個人身上，失敗也不能夠完全擊敗我們！願本書能解開您的千千結，打開你心裡塵封已久的窗，讓生活充滿智慧和光明，人生更豐富、成功而美麗！

目錄

目錄

卷三 爲生命多想一點點

卷四 人生，不隨便打草稿

目錄

NNOR

卷一

讓心靈成爲花園

讓心靈變成美德的花園，心靈沒有了雜草的位置，一個人就變得無私和高貴了。

輕囊行遠

一個小和尚要出門遠遊，但日期一推再推，已經過了半年了，還遲遲不肯動身。

方丈把他叫去問：「你出門雲遊，為什麼還不動身呢？」

小和尚憂愁地說：「我這次雲遊，一去萬里，不知要走幾萬里路，跨幾千條河，翻幾千座山，經多少場風雨，所以，我需要好好地準備準備啊。」方丈聽了，沉吟了一會兒，點了點頭說：「是啊，這麼遠的路，是需要好好的準備準備。」又問小和尚說：「你的芒鞋備足了嗎？一去萬里，遠路迢迢，鞋不備足怎麼行呢？」方丈吩咐寺裡的僧人，每人幫小和尚準備十雙芒鞋，一會兒就送到禪房裡來。不一會兒，寺裡的僧人就紛紛送鞋來了，每人十雙，上百的僧人，很快就送來了上千雙芒鞋，堆在那裡，像小山似的，方丈又吩咐大家說：「你們這師弟遠去，一路要經不知多少場風雨，大家每人要替他備下一把傘來。」不一會兒，寺裡的僧人便送來了上百把傘，堆放在方丈和那小和尚的面前。看著那堆得小山似的芒鞋，還有那堆得小山似的一大堆雨傘，小和尚不解地說：「方丈，徒兒一人外出雲遊，這麼多的東西，別說是幾萬里，就是寸步，徒兒我也移不動啊！」

方丈微微一笑說：「別急，準備得還不算足呢。你這一去，山萬重，水千條，走到那些河邊，沒船又如何能到彼岸呢？一會兒，老衲我就吩咐眾人，每人給你打造一條船來。」

小和尚一聽，慌忙跪下一迭聲地說：「方丈，徒弟知道您的用心了，徒兒明白了，現在徒兒就要上路了！」

方丈會心一笑說：「一個人上路遠遊，一鞋一缽就足矣，東西太多，就走不動了。人生一世，不也是一次雲遊嗎？心裡裝的東西太多，又如何能走得遠呢？輕囊方能致遠，淨心方能行久啊。」

小和尚一聽，心裡慚愧極了，第二天天剛濛濛亮，他便手托一缽立刻上路了。

輕囊才能讓一個走遠，心淨才能讓一個人行久，誰見到過一隻拖著蝸殼行走幾萬里的蝸牛？誰又見過一根飄飛不動的輕盈羽毛呢？

讓心靈成為花園

一群年輕僧人讀完了經書，就要雲遊天下到塵世中宣佛悟禪了，臨行前，寺中的長老帶他們到寺後一片長滿萋萋青草的荒地上盤腿打坐。長老指著長滿荒草、荊棘的荒地問：「如果我們想讓這片荒地清淨起來，該怎麼辦？」

一個年輕僧人說：「那好辦，將草拔掉不就行了嗎？」

長老說：「可是不久它們還會長起來的。」

另一個僧人說：「將這草一棵一棵連根一起拔出來。」

長老閉著眼搖了搖頭。

又一個年輕僧人說：「用火燒怎麼樣？」

長老還是搖了搖頭。

另一個年輕僧人說：「用石灰將這裡的土拌一拌總行了吧？」老長聽了，還是不滿意地搖了搖頭。

長老說：「如今，大家要到囂囂塵世去宣佛參禪，不久大家就肯定能悟出來很多大道理，怎樣才能使這塊地清淨起來，這個答案，還是等五年後大家雲遊回來再回答吧。」

於是，這群年輕僧人便紛紛離寺托缽雲遊去了。

五年後，這群年輕僧人從五湖四海結束雲遊紛紛回到了寺裡，長老笑著問：「大家雲遊萬里悟禪無數，現在總該告訴我怎樣把荒草野榛變成清淨之地的好辦法了吧？」

這群年輕僧人你看我，我看你，沉默了很久，誰都說不出一個好辦法來，長老見了，微微一笑說：「我已經把那塊荒草萋萋的野地變成清淨之地了，現在，我就帶大家去看一看。」說著，便領著眾人走向寺後的那塊荒地去。到那裡一看，大家都愣住了，原來的荒地已經不見了，沒有了萋萋野草，也沒有了張牙舞爪的一叢叢荊棘，那裡，早已是綠油油的一大片青翠玉米林了，一棵一棵玉米剛剛吐纓，又寬又綠的葉子像一根根綠絲綢的飄帶縱縱橫橫，在風中飄起一片張張揚揚綠的海洋，築起了一道綠綠的屏障。

長老笑著說：「這就是讓荒地變成清淨之地的最好辦法，那就是把它變成一片美麗的田園！」

把荒地變成田園是根除野草的最好辦法，那麼，怎樣拔除我們心地上的雜草呢？最好的辦法就是在自己的心靈上撒播愛和美德的種子，使自己的心靈成爲一塊善的田園。

讓心靈變成美德的田園，心靈就沒有了雜草的位置，一個人就變得無私和高貴了。

人生的高度

有一個年輕人，在法禪寺修行，這個年輕人很有悟性，十分聰穎，無論多麼深奧的經文，他往往一看就明白了，很受寺裡方丈和住持的器重，寺裡講經釋禪時，方丈常常讓他坐壇授經，有外出雲遊的機會，方丈和住持也常常帶他去。

時間久了，這個年輕的和尚心就有些浮躁了。寺裡早九晚五上經課時，連德高望重的年邁方丈都早早坐到了經殿裡，全寺就他一個人總是姍姍來遲。有時寺裡的僧人應邀下山做法事，住持派他去，他總是百般婉拒，說自己要研習經文，沒有時間。偶爾寺裡清掃庭殿，寺裡的老少僧人全都灑水的灑水，打掃的打掃，他卻躲起來呼呼嚕嚕地睡覺。寺裡的僧人都對他很不滿意，但他對那些僧人也嗤之以鼻，總是自高自大地我行我素。

一天，方丈爲他提來一個花花綠綠的木桶說，遠方一個得道高僧雲遊天下將到法禪寺掛單小住，高僧早聞法禪寺十裡外有菊潭，用那潭水煮茶可養心修性，所以懇請法禪寺派人去菊潭取一桶水來，以備他早晚品茗用。方丈說：「寺裡其他僧眾都很忙，所以只得勞駕你去了，不過請千萬記住，這木桶不大，須得提滿滿一桶水回來，方夠高僧一天飲用。」他接過木桶，很不情願地走了。

走了十幾里，好不容易才到了翠竹掩映下的菊潭，那潭水真的極好，甘爽清冽不說，還彌漫著一縷縷淡淡的菊香。他彎下腰去往桶裡盛水，但盛了幾次都只盛了半桶，怎麼也盛不滿，他感到十分奇怪，待細細端詳那只木桶才發覺，箍住桶子的木板有一塊只有半個木桶高，比其他的木板矮了許多，任你怎樣盛，桶裡的水只能達到那塊矮桶板的高度，根本沒辦法盛滿一桶水，他十分生氣，方丈給了自己這樣一個有缺口的木桶，那水怎麼能盛得滿呢？

回到寺裡，他就提著半桶水去見方丈，方丈笑著問：「提回一滿桶水了嗎？」他將木桶的缺口指給方丈看說：「這一塊桶板這麼矮，怎麼能盛滿一滿桶的水呢？」

方丈笑了笑說：「你看清那一塊一塊桶板上的字了嗎？」他回答說：「看了，有的寫著學識，有的寫著品行，有的寫著辛勤，有的寫著耐勞，有的寫著謙虛，那十幾塊桶板上塊塊都寫著字。」方丈說：「是啊，一個木桶十幾塊桶板，不論別的桶板長再高，但只要有一塊桶板很矮，那這個桶任你怎麼盛水，也只能盛到與這塊矮板相同的深度，永遠都不能將桶盛滿，而一個人的學識、品行、勤懶、謙驕，難道不是木桶的一塊塊桶板嗎？既使是別的十分出色，但只要有一樣很矮，他也永遠盛不滿自己啊。」

年輕僧人一聽，頓時感到十分慚愧，他馬上向方丈說：「大師，我一定會將自己的那塊矮桶板給補起來。」

大師笑了。

是的，一個人的人生高度有多高，決定它的往往不是你最出色的那些長「桶板」，恰恰是你有缺陷的那塊短「桶板」。因此，提高自己的長處從來是徒勞無益的，只有努力彌補自己的不足和缺陷，才是提升你自己人生高度和境界的唯一辦法。

不敗給自己

一位棋道高手退下來後被聘爲教練，他培訓年輕選手的方式十分特別。

他不教年輕棋手們怎樣去進攻別人，也不教年輕選手們如何運用謀略，他和徒弟們天天對弈，決定出輸贏後，讓他們記住他們自己對弈時的每一步，然後，讓棋手們仔細推敲他們自己的每一步落子，找出自己的失誤，這就是他安排給那些年輕棋手們的作業。找出自己失誤多的，他就表揚，找出自己失誤少的，他就十分嚴厲地予以批評。

這樣教的時間長了，那些年輕棋手們紛紛就有了意見，大家都說他的教棋方式太單調，既不能旁徵博引講出令人信服的理論，也沒有實戰的經驗和技巧，雖說他過去是個棋道高手，但他不適宜當教練，同行的幾位教練也對他十分不解，怎麼能如此教棋呢，不傳謀略，不傳技巧，只讓棋手自察失誤，如此怎麼能培訓出一流的棋手呢？

面對年輕棋手們的不滿和同行教練們的不解，他依舊我行我素，還是認真地讓棋手們個個檢查自己對弈時的失誤，有時，他只是給他們一個簡單的提醒，更大的失誤，都讓年輕棋手們自己去發現和檢查，剛開始時，每局對弈下來，每個棋手都能找出自己的諸多失誤，甚至許多人都覺得自己簡直是個臭棋簍子。但天長日久，那些棋手們的失誤越來越少了，有的甚至一局對決下來竟沒有一次的失誤。這個時候，選手們開始向他要求說：「給我們傳點理論和技巧吧，對弈，畢竟是要取勝於別人，不是自己和自己決勝負，沒有謀略和技巧怎麼行呢？」

他冷冷一笑說：「棋道，沒有什麼技巧，也沒有什麼謀略，一個對弈高手，最大的技巧就是能輕而易舉地發現自己的破綻，最高的謀略就是能夠避免自己的失誤！」

後來，他培訓的選手參加對弈大賽，和許多頂尖的棋手對決，很多高手都紛紛被他們一一擊敗，那些高手們驚訝不已，各個搖著頭嘆息說：「這些年輕選手們太厲害了，雖說他們沒有什麼技巧和謀略，但我們卻絲毫找不到他們的破綻和失誤，他們贏就贏在他們沒有失誤上。」

獲勝之後，那些年輕選手們欣喜若狂地回來向他報喜，他說：「一個棋手能否贏得別人，技巧和謀略都無關緊要，最重要的是他要贏得自己，杜絕自己的失誤，沒有失誤，就沒有破綻　，任何人都對你束手無策了。」

是啊，人生難道不是一場對弈嗎？那些善於發現自己不足的人，他們及時克服自己的失誤，不給自己的對手留下絲毫破綻　，穩紮穩打，步步為營，於是他們獲勝了，而那些不能發現自己不足的人，他們的失誤造成了一個又一個的破綻，給了對手以一次次進攻他們的機會，於是，在一次次的不慎失誤裡，他們被對手抓住機會徹底擊敗了。

自己的失誤，往往就是對手擊敗自己的機遇，許多時候，我們並不是失敗於自己弱小，而僅僅是失敗於自己的失誤。

失敗，常常是因為自己首先敗給自己。

身體的劣勢，卻是生命優勢

一個年輕的僧人，在路上遇上一個跛腿的老頭。老頭的腿跛得十分厲害，走起路來一跳一跳的，但老頭很快樂，走著唱著，那條吃力的腿走起來劈啪作響，像給自己打著節拍似的。

僧人很不明白，腿跛得如此厲害的人，自己雲遊四海見過的不計其數，他們要嘛是愁苦著臉，嘴角掛滿了憂傷的嘆息，要嘛就是拄著拐杖挎著一隻破爛的竹籃，走鄉串戶沿街乞討，向誰說話，開口就苦苦淒淒，一副落魄失魂讓人憐憫又同情的樣子。僧人十分費解，自己面前的這個跛老頭，比許多殘廢人更殘廢了十倍，但他爲什麼竟還如此快樂呢？

僧人不解地問老頭，老頭兒一聽就笑了說：「我有什麼值得不快樂的呢？只不過腿比別人短了一截而已，而比別人短這截兒，恰恰是我最快樂的原因呀。」

因爲自己殘廢而快樂？僧人更不解了。

老頭兒笑呵呵地說：「我天生因為腿跛，所以很小的時候，父母鄰居不停要求我的哥哥弟弟做這做那，而對我百般呵護，使我享受到了哥哥弟弟們分享不到的父母溺愛。等到長大成人了，我的哥哥弟弟們被生活逼得東奔西跑，終日為生計所困所累，而我呢，因為腿跛，就沒人對我期望來期望去，沒有什麼太大的壓力。」老頭兒頓頓又說：「別人蓋了一座房子沒什麼，而我蓋起一座房子，人們就常常指著我的房子說『瞧瞧吧，那房子是一個跛子建起來的。』我們村裡的許多人在荒灘野嶺上開墾了許多地，有的開墾了五六畝，有的開墾了三四畝，可沒人能知道他們，而我僅僅開墾了一畝多的地，就常常有人指著我開墾的地訓誡他們的兒孫說，『瞧瞧吧，那是一個跛子開墾的，他跛得那麼厲害，竟然還開墾出了那一塊兒地』。」老頭兒繼續得意地笑著說：「有人建了屋舍百座，卻沒有人能知道他，有人開墾了良田千畝，卻沒有人會記住他，而我呢，蓋起了一座房子，人們卻知道了我，開墾了一畝薄田，人們卻牢牢記住了我，不都是因為我一條腿跛，僅僅比別人短了那麼一點點嗎？腿跛腿短，使我輕易就得了許多人苦苦奮鬥卻始終望塵莫及的讚美，腿跛，是我身體的一個劣勢，卻是我生命的一個優勢啊。」

老頭兒指著濕漉漉的山路問僧人說：「這條路經常有許多人魚貫而過，他們曾經在這路上留下許許多多的腳印，可現在，你能找到他們的一個腳印嗎？」僧人低頭看了看，濕漉漉的山路上光滑如砥，根本就找不出其他一個清晰的腳印來，只有半行腳印深深地烙印在山路上。

老頭兒得意地說：「許多人在這路上走，但因爲他們雙腳有力平衡，所以他們連一個深的腳印都沒能留下，而我呢，因爲腿跛，雙腳用力不平衡，所以就留下半行深深的腳印，能在自己走過的路上留下半行自己深深的腳印，也比留不下自己的一行腳印好啊，那麼多人辛苦辛苦什麼也沒留下，而我輕而易舉就印下了自己的半行腳印，你說，我不是比他們更幸運嗎？」

僧人頓時明白了，這世界上，生命的幸運不一定就是人生的幸運，而生命的不幸卻可能是人生的幸運，生命的劣勢，恰恰是我們自己人生的優勢！

生命是一筆財富

一個年輕人，做生意被騙了，賠得血本無歸債台高築，年輕人很沮喪，一個人來到海邊，決定不活了，要投海自盡。

就在年輕人站在懸崖旁，長嘆一聲就要閉眼跳下的時候，一個老人拉住了他，老人說：「年輕人，怎麼這麼傻呢？」年輕人哭著說：「不是我傻，我做生意被人欺騙了，賠得一無所有不講，還欠下親朋好友許多的債，眞是上天無路入地無門，所以只好走這條絕路了。」老人同情地聽年輕人說完，笑笑說：「年輕人，你不過就欠下了這區區幾萬元債嗎？想賺回來，那是很容易的。如果你願意，我們可以談一筆生意。」年輕人心如死灰地說：「我如今身無分文，一點本錢也沒有，還能做什麼生意呢？」

老人笑了說：「不，年輕人，你很富有，你有雄厚的本錢，如果你樂意，我可以把我的想法說給你聽聽。」年輕人想，反正自己是死路一條了，不過是早死一會兒晚

死一會兒的事兒，聽聽這個老人絮叨絮叨也不是什麼壞事情，於是淡淡地說：「你說吧。」

老人說：「第一筆生意不需用你去投入一分錢的本錢，可以將你欠下的債一筆勾銷，是這樣的。」老人笑笑說：「有一個電影明星，有很多的錢，演技很出色，很有發展前途，但令他遺憾的是，年幼的時候，他的一根手指不幸被機器夾斷了，他想買一個修長的指頭，讓醫院做一個斷指再生手術給他接上，他可以付兩萬元，年輕人，這兩萬元便足以還上你全部的債務了，這筆生意你樂意做嗎？

一根手指才區區兩萬元？年輕人想想搖了搖頭說：「價格太低了。」老人笑了笑。

老人說：「這第二筆生意是，一個億萬富翁的腎臟衰竭了，他想買一顆年輕而健康的腎臟，出價二十萬元。小夥子，你願意做這筆生意嗎？」

一顆腎臟才二十萬元？年輕人聽了，馬上就搖搖頭說：「二十萬太少了，傻瓜才去做這樣的生意呢！」老人笑笑對年輕人說：「太可惜了啊年輕人，這麼多錢你不去拿，卻要白白把它扔到海裡去，年輕人，你是不是傻瓜呢？」

年輕人愣住了。

老人淡淡一笑解釋說：「你這麼年輕，你的頭、四肢、眼睛、腎臟至少可以值一百萬，但你現在卻想把它白白扔進大海裡，那時，大海是不會給你一分錢，魚兒們也不會給你一分錢，一百萬塊錢丟進了海裡，你什麼也得不到，你說你不是這世界上最大的傻瓜嗎？」

自己價值一百萬？自己還是個百萬富翁？自己雖然已經是一無所有，但自己還有生命，生命難道不是一筆巨額的財富嗎？年輕人笑了，高興地向老人道謝說：「謝謝您老人家的指點，我再也不會自殺了，因爲您讓我明白雖然我賠了一點錢，但我仍然很富有，因爲我有年輕的生命，生命就是一筆財富啊！」

生命就是一筆財富，生命就是一種資本，可能你現在還一無所有，也可能讓你現在還一文不名，但你並沒有山窮水盡，你還仍然是一位百萬富翁，你仍然擁有雄厚的資本，你仍然可以有柳暗花明的成功機遇

因爲，你只要還擁有生命。

努力付出才會有沉甸的收穫

古羅馬的一位國王是一位酷愛哲理的人，他讓各地的官員和宮庭裡的大臣們，每人每年都要爲他蒐集或感悟出至少一條生活中的哲理箴言，獻上的哲理箴言出色的，國王就賞賜給他黃金或者加官晉爵，獻上的哲理箴言差的人，國王就罰他的俸祿或削奪他的官職。

有了這樣一位國王，羅馬帝國很快就成了哲理箴言最豐富的國度，國家收集和整理的哲理箴言汗牛充棟難計其數，一個人學一輩子都可能還學不完。這個國王想了想，就招集來了全國各地最有智慧的一群智者，吩咐他們說：「哲理箴言浩如海洋，誰能學得完呢？請你們每個人都要一一閱讀這些箴言，挑出那些最出色的箴言名句來，把它們編成一本書，以便教育我們的子孫和後代。」

接到國王的命令後，這群智者誰也不敢怠慢，紛紛夜以繼日地閱讀和挑選起來，兩年多後，他們終於把挑選出來的這些哲理箴言送進王宮請國王過目，一下子拉來了幾十輛馬車，國王一看，很不滿意地說：「挑來挑去還有這麼多，不行，請各位帶回去再仔細篩選！」

於是智者們又重新篩選了一次，篩選完畢，還剩下兩馬車，但國王仍然認爲太多，於是命令智者們要沙裡淘金繼續篩選。

歷經十幾年，智者們經過層層篩選，終於把他們公認是經典的箴言篩選成了一本書。他們把這本書獻給國王看，國王不滿地說：「還有這麼多，這怎麼能讓全帝國的人一聽就能牢牢記住呢？請你們拿出自己全部的智慧，從這本書中只篩選一句最富哲理又最容易傳誦的有用緘言來。」

這群智者們絞盡腦汁，終於選定了一句大家公認爲最富哲理又最能啓示人的至理箴言，然後上報給國王，國王一看，這句箴言只有短短一句話，這句話是：天上不會爲你掉下禮物。

國王十分滿意，認爲這將是一句能流芳千載又對人最有用的一句千古經典箴言。

是的，這的確是一句經典的哲言，幾千年了，至今也沒有人撿到過一個從上天掉

到他手裡的禮物，人類已徹底驗證了這句哲言的偉大和正確。

天上不會爲誰掉下禮物。無論是誰都需要努力地付出，然後才會有沉甸甸的收穫。

有耐心，才有轉機

一位德高望重的禪師帶著一個年輕的僧人外出雲遊，有一天，他們經過一條小溪，那條小溪的溪水清亮、甘爽，老禪師禁不住讚嘆說：「多麼醇美的一條溪水啊！」

年輕僧人也禁不住隨聲附和說：「這眞是塵世上難得的一條淨溪了。」老禪師笑笑，什麼也沒有說。

但不久，便下起了暴雨，那場暴雨下得風狂雨驟，滂沱大雨停下後，老禪師把缽遞給年輕僧人說：「現在，我實在口渴得很，請你帶著缽去剛才經過的那條小溪盛回一缽清水來。」

年輕僧人高興地接過缽馬上走了。

過了一會兒，僧人失望地回來了，老禪師問：「水呢？用缽盛回清水了嗎？」年輕僧人沮喪地說：「我找到了那條小溪，可那條小溪現在渾濁不堪，有小鳥飄落的羽毛，有枯草，還有許多被暴雨沖下來的枯木屑，根本就喝不成，所以我就空缽趕回來了。」

老禪師說：「那我們就等一等吧。」

禪師和年輕僧人在樹林等了半上午，禪師吩咐年輕僧人說：「現在，你可以再去找那條小溪端回一缽清水回來了。」年輕僧人說：「那條小溪太髒太渾濁了，怎麼會有清水呢？」

禪師微微一笑說：「你現在盡可放心地去，肯定能盛回來一缽清水的。」年輕僧人半信半疑地走了，他穿過茂密的樹林，走過濕漉漉的草葉上掛滿晶亮晶亮雨珠的草地，到了那條溪邊一看，他十分驚訝，原來這條小溪又清亮極了，那水像晶瑩的玉液，溪底的沙子石粒粒粒清澈可辨，游在溪水裡的小魚小蝦，像游在透明的空氣裡。僧人彎腰俯在溪邊，就像是對著一個光亮的鏡子，一根根眉毛都清晰可見

年輕僧人高興地盛了一缽清水，然後小心翼翼地端著回去找禪師，見到禪師，年輕僧人說：「眞是十分奇怪，這半天的功夫，那溪水又變得十分澄澈了。」老禪師接

過僧人的清水，把它潑在地上說：「我並非什麼口渴，如此三番五次讓你去看那條小溪，我只是要讓你明白一個道理。」

年輕僧人低頭想了想興奮地說：「我知道這個道理了，那就是，在生命的河流中，沒有什麼東西是永恆的，只是需要我們的耐心。」

老禪師聽了，贊許地輕輕點了點頭。

生命的河流是沒有什麼永恆的，歡樂與憂愁，貧窮和富足，困難和得意，笑容與淚水……只要當我們面對的時候，能有一顆平和而寧靜的耐心。

有一顆耐心，事情與世界就一定會有讓人滿意的轉機。

命運握在掌心裡

老禪師正坐在禪房裡閉目打禪，一個小和尚推門進來說：「大師，外面有一個年輕人非要進來見您。」老禪師哦了一聲，額上的兩道白眉微微動了動說：「那就讓他進來吧。」

一會兒，那個年輕人就進到了禪師的禪房裡，老禪師問：「施主，請問有什麼事情嗎？」年輕人望著老禪師嘆息了一聲問：「大師，是不是人眞的有命運？是不是每個人一出生，他的財富、家庭、生活等命運都已被上蒼冥冥註定了？」

見老禪師閉目不語，年輕人嘆息一聲說，如果人眞的有命運，那麼上蒼對我也太不公平了，我自小失去了父母，跟隨著叔父艱難地長大。流血流汗辛辛苦苦掙了一點錢想修幾間房子，誰知不小心又被盜賊給偷走了，盼望幾家親朋好友能給我一點資助，可他們卻個個一貧如洗……

老禪師閉著眼睛靜靜聽年輕人說完後才睜開眼睛示意年輕人走到自己坐的蒲團前說：「年輕人，能伸開你的左手讓我看嗎？」年輕人不知道老禪師要看他的左手做什麼，但還是把自己的左手伸到了老禪師的眼前。老禪師用枯瘦的老手輕輕捧著年輕人的手掌，端詳了又端詳，才指著年輕人手心的掌紋說：「瞧，年輕人，這條手紋是你的生命線，它會暗示你的壽命有多久；這條呢，是你的財富線，它可以暗示你能聚集下多少財富；還有這條手紋，它是你的婚姻線，它能暗示你的情感和婚姻。」老禪師頓了頓吩咐年輕人說：「年輕人，請你把你的左手握起來。」年輕人把自己的左手緊緊地握起來。老禪師說：「小夥子，現在你能告訴老僧你的生命線、財富線、婚姻線在哪裡嗎？」

年輕人不解地回答說：「它們在哪裡？還不就在我的手掌心握著嗎？」

老禪師一聽，就微微笑了，對年輕人意味深長地說：「是的，你的命運就握在自己的手心裡，老僧也一樣，自己的命運就握在自己的手心裡，天下芸芸眾生，別人誰都無法決定另外一個人的命運，誰的命運都只能被自己握在自己的手掌裡。」

年輕人一聽，慚愧地對老禪師深深鞠了一躬，感激地說：「大師，我懂了！」

沒有人能決定你的命運，我們每個人的命運，都握在自己的手心裡，自己的命運，只有自己才能牢牢地掌握。

為生命飄出清香

弘一法師托鉢遊歷杭州時，恰逢日寇大兵壓城，滿城商店閉門打烊、百姓紛紛背井離鄉逃難，幾個原本準備接待弘一法師的故交因忙於送家人避難而沒有及時等到弘一法師。

到杭州時，弘一法師已囊空如洗，他一路打聽著到靈隱寺掛單，因爲大兵壓境，寺內的和尚已傾寺外逃，寺裡只有一個德高望重的方丈和一個小和尚留守寺中。弘一法師來到靈隱寺外，但見寺門緊閉，寺前麻雀悠閒覓食，車馬幾乎絕跡，大師敲開寺門，那個看守寺門的小和尚不認識弘一法師，不耐煩地對法師說：「現在城外日寇大兵壓境，我們寺裡的和尚都四散逃命去了，哪還顧得上你這雲遊僧人呢？別來這裡掛單了，你趕快到別處逃命去吧！」說著就咚地關上了寺門。弘一法師無奈，只得忍著轆轆饑腸，拖著幾乎邁不動的老腿離開了靈隱寺。

離開靈隱寺後，法師無處可去，只好信步沿西湖一路走去。此時恰值五月，西湖之水豐盈澄澈，湖中微風徐徐荷花盛開，走到離靈隱寺不遠的一個湖岸，只見湖中荷葉田田，潔白的荷花雲朵一樣綻開在湖面上，大師頓覺心魂澄澈，萬物清朗，不覺停下腳步，遙對荷花在岸邊坐了下來。

中午時分，守寺的小和尚經過湖邊，見早上被他拒絕的雲遊僧人沒有遠去，還在寺前的湖岸旁席地而坐，小和尚好奇地走上前去說：「你這個僧人，還不趕快到別處逃命，坐在這裡做什麼呢？」弘一大師聞言，頭也沒回，只是指著湖中的朵朵蓮花說：「你快坐下來看，這荷花開得多麼地好啊！」小和尚一怔，又勸弘一法師說：「荷花開得再好，哪有性命要緊？你還是趕快走吧，幾朵荷花哪有性命重要！」大師不理不睬，依舊癡癡地遙望著湖水中的荷花，小和尚無奈，搖搖頭嘆息一聲拂袖走了。

回到寺裡，小和尚對方丈說：「不知從哪裡來了個癡僧人，早上來咱們寺裡掛單，被我拒絕了，勸他還是逃命要緊，不想他竟被西湖中的幾朵荷花迷了，現在還坐在湖邊呆呆地賞荷花呢，我好心好意又去勸他走，他卻不理不睬，只說荷花開的眞好，還邀我同他共賞荷花呢，你說這和尚是不是太癡呆了。」

方丈一聽，立刻責怪小和尚說：「你怎麼不開門讓他進來呢，這樣的僧人一定是得道的高僧啊！」小和尚不解地說：「看他蓬頭垢面癡癡傻傻的樣子，可能是個瘋僧，怎麼能是高僧呢？」方丈嘆了口氣說：「大兵壓城，他卻不去逃命，掛單被拒，他卻不馬上另投他方，幾朵荷花卻能讓他如癡如醉置生死於度外，不是心地澄明，四大皆空的高僧，誰能做到呢？」方丈站起來說：「快，快帶我去見高僧！」

倆人來到湖邊，見那僧人果然還在如癡如醉地賞荷，方丈忙施諾說：「不知高僧來敝寺，請高僧海涵！」弘一法師回過頭來，一指湖中說：「瞧，那荷花開得眞好啊！」

方丈小心翼翼問：「敢問大師法號？」那僧人說：「貧僧法號弘一。」

「弘一？」小和尚大吃一驚，難道他就名揚四海的弘一法師啊？在寺裡安頓下弘一法師後，小和尚問方丈說：「你怎麼能知道他就是高僧呢？」方丈說：「一個在亂世中能胸藏荷花的人，他不是佛，也是距佛不遠的人，怎麼能不是高僧呢？」

是啊，一個胸藏荷花的人，如何能不是佛呢？胸藏荷花，胸存美好，只要你心裡有一朵荷花，你早晚都能飄逸出自己生命的清香。

失去唯一，卻擁有全部

一個悲觀失望的人到廟裡去見禪師，這個年輕人痛苦地說：「別人有痛苦，可也有歡樂，別人有離散，可也有團聚，別人有失去，可也有得到的時候，別人有失意，可也有得意的時機　可我呢？」年輕人深深嘆了一口氣說：「整天就沉浸在痛苦、失意、悲愁之中，就像在漫長的黑夜中而看不到曙光，大師，您說我活著還有什麼意思呢？」

禪師聽了，略略沉吟了一下，指著窗外沉沉的斜陽問：「年輕人，你知道白天爲什麼這麼明亮嗎？」

年輕人回答說：「這怎麼能不知道呢？是因爲有太陽呀。」禪師說：「有幾個太陽呢？」

年輕人不解地說：「自古就是只有一顆太陽呀。」禪師若有所思地笑笑。

倆人在禪房裡一直坐到暮靄四沉、星星一顆一顆出來時，禪師微笑著對年輕人

說：「施主，請到外面賞月敘話吧。」倆人走到院外，早有小和尚搬來了茶桌、木椅，禪師招呼年輕人坐下說：「現在夜幕四合，太陽已經沉進西山裡去了，你看這夜色多美啊！」年輕人憂傷地說：「夜色再美，又如何能同白天相媲呢？白天仰頭可看雲舒雲卷，舉目可望田野山川，低首可賞蟲鳴花香，而這夜色裡，我們誰又能看到什麼呢？」

禪師笑笑說：「白天紅塵嚷嚷，而夜晚卻靜寂而清爽，你聽耳邊這徐徐的晚風，你聽山上那樹葉的輕語，再晚的時候，你還可以臥床憑窗諦聽滴露，也可披衣扶欄賞月，夜色有什麼不好呢？」見年輕人低頭不語，禪師說：「白天你只能看見一個太陽，而夜晚你卻可以看到許多星星啊！」

年輕人聽了，慢慢仰起頭來，只見繁星滿天，浩渺的夜空裡，閃爍著一顆一顆銀釘似的星星，那星星一眨一眨的，像許許多多靜靜望著自己的眼睛，老禪師望一眼正深深沉醉在繁星中的年輕人問：「年輕人，你能數得清天上的星星嗎？」

年輕人搖搖頭說：「那麼多的星斗，誰能數得清呢？」禪師又笑著問：「那你能數得清天上的太陽嗎？」

年輕人說：「只有一個太陽，這連傻瓜都能數得清的。」禪師笑了。禪師說：「是啊，一個人的命運雖然沒有白天只有黑夜，他失去了一個太陽，但他可以擁有數也數不清的滿天星斗啊！」

年輕人聽了一怔，又若有所思地想想，終於笑了說：「大師，我明白了。」

命運裡雖然缺少陽光，但我們不必爲此而沮喪和絕望，因爲，我們還擁有許許多多的熠熠星斗。

記住，儘管我們的命運可能只會是夜晚，但失去了一顆太陽，我們卻擁有著數不清的生命星斗。

倒掉自滿，才可學到最深奧的學問

一個年輕人自恃滿腹經論無所不曉，他到法海禪寺找到才識淵博的了悟大師說：「我原本準備拜謁一些天下名師再多長一些學問的，但我拜謁了幾個所謂的大師之後，心裡就十分失望了，原來他們個個雖然名滿天下，但不過個個是徒有虛名不過如此啊。」

望著傲慢而洋洋自得的這位年輕人，了悟禪師只是微笑不語，年輕人頓了頓又說：「我聽說大師學問淵博，所以今日是專門來請大師給予賜教的，請大師不吝指點一二。」了悟禪師還是微笑不語，只是取來了一個茶杯放在年輕人面前的茶案上，又吩咐一個小沙彌去提一壺滾水來。

不一會兒，小沙彌就提來了一壺吱吱噴著白煙的滾水，了悟禪師接過水壺，徐徐往杯子裡倒水，一直倒得水滿得往外四溢才停下來，然後若有所思說：「貧僧年高糊塗，忘了給施主放茶葉了。」說著，便從茶几上取出一筒茶葉說：「這是友人贈我的珍稀名茶，請施主品嘗。」隨後，便捏了一撮丟進了茶杯裡。但杯子裡的水太滿，茶葉放進杯子，便馬上與水一起溢了出來。年輕人聽說是茗茶，立刻驚嘆不已，見放進他杯子裡的茶葉因爲水太滿來不及沉浮就溢了出來，更是十分惋惜，馬上伸出手指，將溢出來的茶葉輕輕撿起又放進杯子裡。

年輕人剛將茶葉放進杯子，了悟禪師就提起水壺往杯子裡又倒了一脈水，杯子裡水太滿，茶葉立刻又隨水溢了出來。年輕人無奈，又渴望能品嘗這難得一嚐的珍稀，於是，待禪師剛剛停止倒水，就又伸出手去，將溢出的茶葉一一小心翼翼地撿到杯子中去。

但年輕人剛撿完，了悟禪師就又提起壺來往杯子裡注水，來不及沉浮的茶葉又一次隨水溢了出來。

望著一次又一次溢出杯子的茶葉，年輕人終於忍不住了，他埋怨了悟禪師說：「茶杯已經如此滿了，你怎麼還往杯子裡不停地倒水呢？像大師這般沖茶，什麼樣的好茶也不能留在杯子裡的，這不是白白浪費珍貴的佳茗嗎？」

了悟禪師說：「我只是給施主添茶啊！」

年輕人不滿地說：「茶杯已經滿了，已經一滴水也裝不下了，你再添，它一點也容不下了。」

了悟禪師哈哈一笑說：「原來施主懂得這個道理啊！」見年輕人不解，了悟禪師頓了頓說：「茶杯滿了，再也不能接納一滴水，人心滿了，就同樣很難再接納一點學問了啊。就像是這珍稀的茶葉，再高再深的學問，只要茶杯和人心滿了，也是會被令人痛惜地溢出的。」

了悟禪師端起年輕人面前的杯子，將水倒掉，又捏了一撮茶葉放進杯子，倒上半杯水說：「倒空你的杯子，你可以品到世上最妙的香茗，倒掉你心靈裡的自滿，你才可以學到世上最深奧的學問啊！」

年輕人慚愧萬分，忙對了悟禪師說：「大師，我懂了。」

倒空你的杯子，你才可以接納到新鮮的淨水，倒空你的心靈，你才能夠不斷容納下深奧的知識。

自滿，往往使一個人活得比塵埃更低；謙虛，常常能使一個人的心靈遠比世界還大。

讓心靈高遠，必須時時倒空我們自己心靈的杯子。

別把苦難放在同一個肩上

兩個僧人常常到山下的河裡去挑水，一個挑完水只是喘幾口氣，而另一個和尚卻每次都是累得頭重腳輕。

很累的這個僧人想，那個和尚的身材並沒有我健壯，挑水的桶也不比我的桶小，怎麼他挑一擔水似乎若無其事，而我挑一擔水卻總是累得這樣腰痠腿軟呢？

一天清晨，兩個人又結伴到山下的河裡去挑水，往來幾次，那個和尚似乎什麼事也沒有，而這個僧人則一個肩膀又紅又腫，疼得連一條胳膊也抬不起來了。他叫住那個似乎不知道疲累的僧人說：「讓我看看你的肩膀。」

那個僧人脫下衣服讓他來看自己的肩膀，他的兩個肩膀完好無損，不過只泛些微紅罷了，這個和尚很奇怪，自己和他挑同樣的擔子，走同樣遠的路，怎麼自己的左肩膀又腫又疼，而他的肩膀卻什麼事也沒有呢？他問那個僧人，那個僧人也很奇怪，於是，他要求那個僧人挑他的水桶，而自己用那個僧人的木桶挑水，但挑了一擔水，自己的左肩膀越腫越大，越來越疼了，而那個僧人還是一點事都沒有。

他更加奇怪了，再下山挑水的時候，他讓那個僧人走在前面，自己亦步亦趨走在後面，想仔細觀察自己和那個僧人到底有什麼不同，但還是沒有發現有什麼不一樣的地方。

那個僧人也感覺奇怪，又挑水的時候，那個僧人讓他走在前面，而自己走在後面仔細地觀察他。挑水走到半山上時，那個僧人終於發覺了他疲累的原因，那個僧人喊住他問：「你怎麼不用兩個肩膀挑水呢？」

「用兩個肩膀挑水？」他愣住了。

那個僧人說：「人有左右兩個肩膀，你怎麼只用自己的左肩膀挑水呢？」

那個僧人邊說邊挑起他的水桶說：「你瞧，我現在用肩膀挑水，如果左肩膀累了，」那個僧人將肩上的扁擔輕輕一閃，擔子就跳到了那個僧人的右肩膀上，說：「瞧，這不就可以讓左肩膀歇一歇，把擔子放在右肩膀上了嗎？我就是這樣左肩換右肩，右肩換左肩的，所以肩頭才不會那麼腫。」

這個和尚愣了，是啊，人有兩個肩頭，怎麼能把擔子總放在一個肩頭上呢？

於是，他也試著邊走邊不停地換肩了，還是那麼長的山道，還是那麼重的一擔水，他的肩膀卻不腫也不疼了。

是的，我們誰沒有自己的兩個肩膀呢？但是又有多少人懂得給自己的人生苦難不停地換肩扛呢？不懂得換肩，我們就丟失了人生的一半力量，我們就會舉輕若重，讓並不沉重的人生把我們自己壓倒，而如果我們能爲自己的人生換肩，我們就多了生命一倍的力量，就會舉重若輕，輕鬆抵達人生的遠方。

放低自己，才能吸納別人的智慧

一個滿懷失望的年輕人千里迢迢來到法門寺，對住持釋圓說：「我一心一意要學丹青，但至今沒有找到一個能令我心滿意足的老師。」

釋圓笑笑問：「你走南闖北了十幾年，眞的沒有找到一個讓自己滿意的老師嗎？」

年輕人深深嘆了口氣說：「許多人都是徒有虛名啊，我見過他們的畫幀，有的畫技甚至不如我呢。」

釋圓聽了，淡淡一笑說：「老僧雖然不懂丹青，但也頗愛收集一些名家精品，既然施主的畫技不比那些名家遜色，就煩請施主爲老僧留下一幅墨寶吧。」說著，便吩咐一個小和尚取來了筆墨瓦硯和一疊宣紙。

釋圓說：「老僧的最大嗜好，就是愛品茗飲茶，尤其喜愛那些造型流暢的古樸茶具，施主可否爲我畫一個茶杯和一個茶壺？」

年輕人聽了，說：「這還不容易？」於是調一硯濃墨，鋪開宣紙，寥寥數筆，就畫出了一個傾斜的水壺和一個造型典雅的茶杯，那水壺的壺嘴正徐徐吐出一脈茶水來，倒入了那茶杯裡去。

年輕人問釋圓：「這幅您滿意嗎？」

釋圓微微一笑，搖了搖頭。

釋圓說：「你畫得確實不錯，只是把茶壺和茶杯放錯位置了，應該是茶杯在上，茶壺在下呀。」

年輕人聽了，笑道：「大師何以如此糊塗，哪有茶壺往茶杯裡倒水，而茶杯在上茶壺在下的？」

釋圓聽了，又微微一笑說：「原來施主並不糊塗啊！你渴望自己的杯子裡能倒入那些丹青高手的香茗，但你總把自己的杯子放得比那些茶壺還要高，香茗怎麼能倒入你的杯子裡呢？澗谷把自己放低，才能得到一脈溪水，把自己放得最低的陸地，才能成爲世界上最深的海洋，人，只有把自己放低，才能吸納別人的智慧和經驗啊。」

年輕人思忖良久，終於恍然大悟。

渴求成功的心靈，才會有成功的人生

一個年輕人整天夢想著讓自己成功，他曾拜訪過許多大名鼎鼎的成功人士，虔誠地討問成功的秘訣，但那些人都茫然地搖著頭說：「秘訣？成功哪有什麼秘訣呢？」

終於有一天，年輕人聽說遙遠的海邊有一位聖者，那個聖者知道成功的秘訣，許多人都是在聖者那裡得到了聖者傳授的秘訣而終於取得了成功，年輕人高興萬分，於是跋山涉水去海邊尋找聖者去了。終於見到了那位仙風道骨的聖者，年輕人迫切地說：「大師，我是每天做夢都在夢想著怎樣才能讓自己取得成功啊，請問大師，成功需要什麼條件呢？」

鬚眉皆白的大師聽了，微微一笑說：「成功當然需要具備條件，但並不是需要很多條件，只要具備一種條件就足夠了。」

「只需要具備一種條件？」年輕人雙眼一亮，忙問：「大師，這一種條件是什麼呢？」聖者不答，只是微微一笑，對年輕人說：「走，跟我到海邊去走走。」

年輕人跟著聖者走到了靜靜的大海邊，但令年輕人吃驚的是，到了岸邊，聖者並沒有停下自己的腳步，而是一直走進了海水裡，可能秘訣就藏在海水裡吧，年輕人想。於是，他猶豫了一下，就馬上寸步不離地跟著聖者也邁進了海水裡，聖者一直往海水的深處走，年輕人緊緊跟在聖者的身後，也一直往海水的深處走，眼見冰涼的海水已經淹到聖者和年輕人的胸部，再走幾步就要把他們徹底淹沒了，聖者才終於停下來。年輕人弄不明白聖者將自己帶到海水裡來做什麼，在他猝不及防間，聖者突然轉過身來，雙手有力地按住了年輕人的頭，把年輕人的腦袋按進了海水裡。「難道他要把我淹死嗎？」年輕人大吃一驚。他手腳並用，拚命在海水裡掙扎起來，但那聖者任他怎麼掙扎，就是死死地按著他的頭，一點兒也不鬆手。急於擺脫困境的年輕人已被嗆了兩口又鹹又苦的海水，如果不馬上擺脫掉這可惡又可狠的聖者的雙手，自己可能會被活活淹死的，逃出去，拚上命也要逃出去！年輕人手腳並用，拚盡全力朝那位聖者狠命一推，終於擺脫了聖者，讓自己的腦袋立刻浮出了水面。

年輕人怒目圓睜，萬分氣憤地指著正怡然自得遊在海水裡的聖者咆哮說：「老東西，你想淹死我呀？」

聖者依然微笑著說：「我怎麼是要淹死你？只是要告訴你成功的秘訣而已。」把自己死死按在海水裡，不讓自己呼吸，這不是要淹死自己嗎？還花言巧語說是要給自己什麼成功的秘訣，鬼話！騙人的把戲，連傻瓜都絕對不會相信的！」年輕人依然十分惱怒。

聖者看著怒氣沖沖的年輕人說：「如果你渴望成功的心能夠像剛才想呼吸時那樣強烈的話，你就已經邁向成功之路了。」

年輕人一聽，愣住了。

能把成功視爲自己生命的人怎麼能會不成功呢？成功其實並不需要太多的條件，只要你時時擁有一顆強烈的追求成功的心就夠了。

成功並不需要什麼，它只需要一顆時時爲成功而跳動不息的心靈，擁有一顆時時渴求成功的心靈，你就會擁有一個成功的燦爛人生。

怨恨，足以毀滅自己和世界

海格力士是古希臘神話中一位英雄，他力大無窮，可以搬山，也可以填海，打遍天下卻幾乎找不到一個能和自己匹敵的對手。

有一天，海格力士因爲追擊敵人而走到了一條崎嶇、狹窄的山道上，在他就要追到對手的時候，那個狡猾而陰險的對手忽然丟下一個袋子擋在海格力士前進的路上。海格力士十分憤怒，他不屑地喊：「連山我也能一腳踢翻，何況你這個破袋子，收起你的伎倆吧！」海格力士邊喊，邊飛起一腳狠狠踢在那個袋子上，但令海格力士吃驚的是，自己狠狠的一腳不僅未把那條袋子踢飛，那袋子反而因海格力士這狠狠的一腳反而變得比剛才更大了。

惱怒萬分的海格力士又狠狠飛起一腳踢在袋子上，那袋子還是紋絲不動，反而又大了不少，甚至一下子就把海格力士的道路堵死了。海格力士怒火萬丈，他彎腰拔下身邊的一棵大樹，舉起大樹狠狠地砸向那可惡的袋子，但無論他多麼用力，那袋子卻始終完好無損，只是隨著海格力士一次又一次如雨點般的狠砸，那個袋子變得越來越大，剛才還是一個微不足道的袋子，卻眨眼間卻變得比山還大，甚至連天空和大地也要裝不下它了，而且，海格力士砸一次，袋子裡總有個人洋洋得意地譏笑海格力士說：「你這個笨熊，你砸呀，你砸呀，再過一會兒，我不費吹灰之力就足可壓死你！」

海格力士已經累得精疲力竭了，但那越來越大的袋子卻依舊完好無損，而且變得越來越硬、越來越堅固。正在海格力士束手無策的時候，這時，從樹林裡跑出了一個白髮蒼蒼的聖人，聖人大喊：「英雄，請千萬別踢、別砸這個袋子了，要不，它一定會將天脹塌的，請馬上住手！」

海格力士大吃一驚，他不知道這麼一個破袋子爲什麼竟有如此巨大的魔力？聖人告訴海格力士說：「這個袋子叫仇恨袋，魔力無窮，如果你犯它，心裡老記著它，它就會越來越膨脹，甚至可能將世界毀滅，如果你不理睬它，對它熟視無睹，那麼它就會小如當初，連一點點的魔力也沒有。」

聖人感慨說：「心中充滿仇恨，是一個人毀滅自己和毀滅世界的最大禍根啊！」

拂去我們心中的怨恨，讓我們的心靈多一份寬容，那麼，我們人生的路上就會少掉「仇恨袋」一樣膨脹起來的高山，就能擁有更多的平坦和陽光。假若一個人心裡總是裝滿怨恨的火藥，它可能不會炸毀別人，最容易毀滅的恰恰是他自己。

不給怨恨在我們的心靈以一席之地，這是我們生命平安和幸福的永恆秘訣。

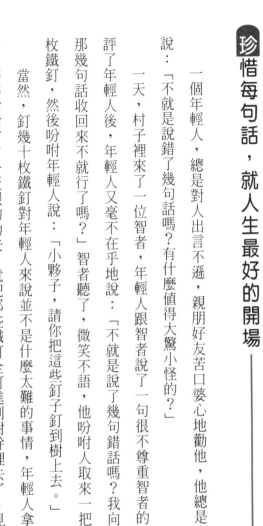

珍惜每句話，就人生最好的開場

一個年輕人，總是對人出言不遜，親朋好友苦口婆心地勸他，他總是毫不在乎地說：「不就是說錯了幾句話嗎？有什麼值得大驚小怪的？」

一天，村子裡來了一位智者，年輕人跟智者說了一句很不尊重智者的話，有人批評了年輕人後，年輕人又毫不在乎地說：「不就是說了幾句錯話嗎？我向他道歉，把那幾句話收回來不就行了嗎？」智者聽了，微笑不語，他吩咐人取來一把鐵錘和幾十枚鐵釘，然後吩咐年輕人說：「小夥子，請你把這些釘子釘到樹上去。」

當然，釘幾十枚鐵釘對年輕人來說並不是什麼太難的事情，年輕人拿起鐵錘和釘子，砰砰噹噹釘了一眨眼的功夫，就把那些鐵釘全釘進到樹幹裡去了。見年輕人輕而易舉就釘完了，智者又吩咐說：「小夥子，請你把這些釘子重新再一一拔出來。」

這個年輕人想，把自己釘的這些釘子再拔出來，這並不是一件多難的事情啊，於是，他綰起袖子，去拔他剛才釘進去的那些釘子。但令他驚訝的是，那些他剛才沒費什麼力氣就釘進去的釘子，現在拔出來卻是萬分地艱難，他咬著牙拚命地用力拔，那些釘子卻紋絲不動，費了好大的勁，拚命拔來拔去拔了半天，他累得精疲力竭，卻只拔掉了區區三、五枚釘子，他不好意思地對智者說：「釘進去那麼容易，但沒想到拔出來卻是這麼地難啊！」

智者笑了，智者把年輕人帶到樹前，指著樹幹上那又小又深的釘孔說：「就是拔出來了，那又能怎麼樣呢？樹幹上不是還留下了這些深深的傷痕嗎？」

智者又看了一眼這個年輕人，語重心長地說：「不加思索地對別人出言不遜，就像輕而易舉就把鋒利的釘子釘進樹裡，釘進別人的心靈裡，儘管你向別人道歉，向別人爲你說出的話請求原諒，可眞正能給予你諒解的，就像從樹幹裡向外拔釘子這麼地難。而且，那些傷人的話語就是求得了別人的諒解，也已經在別人的心靈上留下了深深的傷疤啊。」

年輕人聽了，慚愧地說：「我現在明白出言不遜會是多麼深的一種傷害了。」智者聽了，高興地笑了。

何嘗不是如此呢？有許多時候，我們常常因爲缺乏冷靜而對別人出言不遜，把鋒利的釘子深深釘進別人的心靈裡，但當我們痛悔著懇求別人給予諒解時，眞正的冰釋前嫌卻是那麼地艱難，即使我們再三費力勞神終於獲得了別人的諒解，但也在別人的心靈裡留下了永久無法彌補的傷痕。

詹道夫・史坦納說：「未經思考就脫口而出的話，會成爲我們路上的絆腳石。」要使我們的人生之路少一點坎坷，多一點平坦，就必須珍惜和愼重我們要說的每一句話。

珍惜自己的每一句話，這是一個人人生最良好的開場。

溫暖心靈的棉被

一個小和尚沮喪地跟住持說：「我們這一寺兩僧的小廟，如果想變得如您所說的廟宇千間，鐘聲不絕，香客如流，那幾乎是不可能的事兒。」

披著袈裟的老僧只是閉著眼睛靜靜聽著，卻一聲不語。

小和尚又絮叨說：「每次我們下山化緣，說起我們菩提寺，很多人都搖頭說不知道這個寺廟，施捨給我們的香燭錢也往往少得不值一提，化緣得來這麼少，什麼時候我們這麼小的菩提寺才能變成古剎名寺呢 」

披著袈裟默默誦經的老僧沉默了一會兒，終於睜開了眼睛問小和尚說：「這北風吹得眞厲害，外邊冰天雪地的，你冷不冷？」小和尚渾身打個哆嗦說：「我早凍得雙腿都有些麻木了。」老僧說：「那我們不如早點睡覺好。」

老僧端著燭燈走到榻前，摸著冰冷的棉被對小和尚說：「棉被也這麼涼，睡一覺兒就暖和了。」一老一少兩僧熄燈鑽進了冰涼的棉被裡，過了一個時辰，老僧忽然問躺在被窩裡睡意朦朦的小和尚說：「現在你的被窩裡暖和了嗎？」

小和尚說：「當然暖和，就像睡在陽春暖融融的陽光下一樣。」

老僧說：「棉被放在床上十天半月都依舊是冰涼的，可人一躺進去，不久被窩就變得暖洋洋的，你說是棉被把人暖了，還是人把棉被暖了？」小和尚一聽，噗哧就笑了說：「你眞糊塗呀，棉被怎麼能把人暖熱，是人把棉被暖熱的。」

老僧說：「既然棉被給不了我們人溫暖，反而要靠我們人用身體去暖它，那我們還要蓋棉被做什麼？光著身子睡不用暖被，我們不就更暖和了？」

小和尚想了想說：「雖然棉被不能給我們溫暖，可厚厚的棉被卻可以保存我們的溫暖，讓我們在暖融融的被窩裡舒舒服服睡覺啊。」

黑暗中，老僧會心一笑說：「我們撞鐘誦經的人何嘗不是躺在厚厚的棉被下的人？而那些芸芸眾生們又何嘗不是厚厚的棉被呢？只要我們一心向善向佛，冰冷的棉被會被我們暖熱的，而芸芸眾生的棉被保存著我們的溫暖，這大千世界不就暖融融的如同我們的被窩這樣舒服了嗎？那我們還會有什麼金殿金宇的夢不敢做的呢？」

小和尚一聽，驀然明白了。

其實，我們誰不是睡在大千社會棉被裡的一個人呢？我們用心靈的熱火溫暖這個世界，世界就爲我們永駐了一個暖陽蕙風的春天。

用心靈給世界以溫暖，世界就會給我們綻開溫馨的花朵。

淨葉不沉

一個年輕人千里迢迢找到燃燈寺的釋濟大師說：「我只是讀書耕作，從來不傳不聞流言蜚語，不招惹是非，但不知爲什麼，總是有人有惡言誹謗我，用蜚語詆毀我，如今，我實在有些受不了了，想遁入空門削髮爲僧以避紅塵，請大師您千萬收留我！」

釋濟大師靜靜聽他說完，微然一笑說：「施主何必心急，同老衲到院中撿一片淨葉你就可知自己的未來了。」釋濟帶年輕人走到禪寺中殿旁一條穿寺而過的小溪邊，順手從菩提樹上摘下一枚菩提葉，又吩咐一個小和尚說：「去取一桶一瓢來。」小和尚很快就提來了一個木桶一個葫蘆瓢交給了釋濟大師，大師手拈樹葉對年輕人說：「施主不惹是非，遠離紅塵，就像我手中的這一片淨葉。」說著將那一枚葉子丟進桶中，又指著那桶說：「可如今施主慘遭誹謗、詆毀深陷塵世苦井，是否就如這枚淨葉深陷桶底呢？」年輕人嘆口氣，點點頭說：「我就是桶底的這枚樹葉呀。」

釋濟大師將水桶放到溪邊的一塊岩石上，彎腰從溪裡挖起一瓢水說：「這是對施主的一句誹謗，是企圖打沉你。」說著就嘩地一聲將那瓢水兜頭澆到桶中的樹葉上，樹葉激烈地在桶中蕩了又蕩，便靜靜漂在水面上。釋濟大師又彎腰挖起一瓢水說：「這是庸人對你的一句惡語誹謗，還是企圖要打沉你，但施主請看這又會怎樣呢？」說著又嘩地倒下一瓢水，澆到桶中的樹葉上，但樹葉晃了晃，還是漂在了桶中的水面上，年輕人看了看桶裡的水，又看了看水面上浮著的那枚樹葉說：「樹葉秋毫無損，只是桶裡的水深了，而樹葉隨水位離桶口越來越近了。」釋濟大師聽了，微笑著點點頭，又挖起一瓢瓢的水澆到樹葉上，說：「流言是無法擊沉一枚淨葉的，淨葉抖掉澆在它身上的一句句蜚語、一句句誹謗，淨葉不僅未沉入水底，卻反而隨著誹謗和蜚語的增多而使自己漸漸漂升，一步一步遠離了深淵底了。」釋濟大師邊說邊往桶中倒水，桶裡的水不知不覺就滿了，那枚菩提樹葉也終於浮到了桶面上，翠綠的葉子，像一葉小舟，在水面上輕輕地蕩漾著、晃動著。

釋濟大師望著樹葉感嘆說：「再有一些蜚語和誹謗就更妙了。」年輕人聽了，不解地望著釋濟大師說：「大師爲何如此說呢？」釋濟笑了笑又挖起兩瓢水嘩嘩澆到桶中的樹葉上，桶水四溢，把那片樹葉也溢了出來，漂到桶下的溪流裡，然後就隨著溪水悠悠地漂走了。釋濟大師說：「太多的流言誹語終於幫這枚淨葉跳出了陷阱，並讓這枚樹葉漂向遠方的大河、大江、大海，使它擁有更廣闊的世界了。」

年輕人驀然明白了，高興地對釋濟大師說：「大師，我明白了，一枚淨葉是永遠不會沉入水底的，流言蜚語，誹謗和詆毀，只能把純淨的心靈淘洗得更加純淨。」釋濟大師欣慰地笑了。

淨葉不沉，純淨的心靈又有什麼能把它擊沉呢？即使把它埋入污泥深掩的塘底，它也會綻出一朵更美更潔的蓮花。

NNOR

卷二
入生貴在艱困時

當你處於最危險的時刻，那些雞毛蒜皮的小困難就不會對你構成一點點的威脅。

讓心靈看見目標

一艘小船在海上不幸觸礁沉沒了，除了一個水手，船上所有的人全都不幸遇難了。

而大難不死的這位水手，他能倖存，可以說是一個奇蹟。因爲小船觸礁的地方距海岸至少有十海哩遠，並且這個水手的泳技並不是最好的，身體也不是最棒的，他能死裡逃生，是因爲在茫茫大海上遇到了一根小樹枝。那是一根很小的小樹枝，只有筷子那麼粗、那麼長，就在這位水手在海裡游得疲憊又沮喪時，他意外地發現了那根小樹枝，他眼睛一亮，奮力游過去，伸手抓住那根小樹枝，然後奮力向前甩去，小樹枝就漂浮在他前面幾十公尺的海面上，他揮動胳膊，拚命向小樹枝游去，抓到小樹枝再奮力甩向前方，然後他就再向小樹枝游去

記不清甩了幾十次、幾百次，他終於奇蹟般地死裡逃生遊到了海岸上，他的故事，成爲方圓幾百里漁村裡的一個傳奇。

幾年後，這位年輕水手體格變得十分健壯，泳技也突飛猛進有了很大的進步，他成了一艘船上的年輕船長。就在他躊躇滿志時，厄運再一次降臨到了他的身上，他的木船又觸礁沉沒了，他掉進了海天一線的茫茫大海裡。他是船長，在這片熟悉的水域裡，他清楚地知道哪裡是海岸的方向，他開始朝著海岸的方向拚命地泅遊。游了一程，他抬起頭看看，前邊是茫茫的海水，看不見山，也看不見岸，於是他低下頭去拚命地再游，但游了好久，他抬起頭來，還是看不見山，也看不見岸。他感到渾身疲憊極了，四肢乏力不說，心也越來越緊張地咚咚咚跳個不停。應該說，這次不幸落水，逃生的條件比他上次好多了，海面上風平浪靜的，浪也幾乎沒有，而且陽光普照，他的身前身後靜靜蕩漾的是一片無邊無際被陽光鍍得金亮的海水，不像上一次，不僅有浪，而且是夜幕正漸漸低垂時但他這次卻沒能逃脫厄運的魔掌，他被淹死在距海岸不足三海哩的地方。

人們十分驚詫，這個上次在夜晚時游了十海哩，能在狂風濁浪裡死裡逃生的傳奇水手，怎麼這次竟被活活淹死在陽光普照風平浪靜的這片海水裡，要知道，這次沉船的地方，距海岸不過只有區區的五海哩啊。

一位老船長想了想說：「他上次能奇蹟般地死裡逃生，那是因爲他擁有一根能夠看得見的木棍。而這次，他是因爲看不到木棍而陷入了沮喪和絕望的深淵。」

是啊，一根木棍雖然浮不起一個失足在茫茫大海裡的軀體，但足以漂浮起他心靈裡那一縷逃生的期望。長長的海岸線儘管可以站滿數以億計的人、高山和樹木，但因爲不能被眼睛看到，所以載不起一顆被沮喪打翻的心靈。

把目標放在我們心靈能看到的地方，即便它只是一根微小的稻草，也能給我們的心靈以巨大的激勵。把目標放到距我們太縹緲的地方，因爲不能被心靈時時看到，即便它離我們只有一釐米遠，也可能成爲我們失敗的深淵。

成功的毅力，來自於我們心靈能時時看到的一個個目標。

心靈擁有聲音，脫穎在即

在非洲的撒哈拉沙漠流傳著這樣一個故事：

有一個珠寶商人帶著幾十粒鑽石和一只手錶橫越一望無際的撒哈拉沙漠，不幸的是，當他走到沙漠深處的時候，沙漠上突然捲起了飛沙走石的風暴。

風暴十分猙獰，不僅把珠寶商人打翻了，而且吹散了他緊緊攜帶的包袱，把包袱裡的幾十粒鑽石甚至商人手腕上的手錶都捲得無影無蹤。昏迷不醒的商人幸運地遇到了一支駝隊，駝隊的人把商人喚醒後，聽說這沙漠裡丟掉了許多的鑽石，大家馬上決定不走了，要和商人留下來尋找鑽石，要知道，誰要能撿到一粒吹落的鑽石，這輩子他就足以衣食無憂快快樂樂地生活了。

商人和駝隊的人開始日夜忙碌在一望無際的沙漠上，他們白天找、夜晚找，一直找了十多天還是一無所獲，但大家誰都知道，在這沙漠的沙粒間，掩藏著許多價值連城的珍貴鑽石。

夜幕降臨了，彎月掛在沙漠的邊緣，滿天的星斗就像綴在深藍色幕布上的一顆顆寶石，沙漠上靜極了，沒有風叫，也沒有蟲鳴，這時，大家忽然聽到了一串滴嗒滴答的聲音，那聲音那麼清晰，那麼清脆，大家順著聲音躡手躡腳地找過去，發現那聲音就掩在他們腳底的沙層裡，商人蹲在地上，順著那滴答滴答的聲音開始小心翼翼地扒去一層一層的沙粒，再扒去一層沙粒，那滴答聲就響得更加清晰、更加分明了一些，終於，商人找到了自己的這只手錶。但令他們失望的是，除了這只手錶外，他們誰都沒有找到散落的一粒鑽石。

捧著那只失而復得的手錶，商人禁不住仰天慨嘆：「鑽石雖然價值連城，但因爲它們沒有自己的聲音，丟失了，就從此遺落在沙石之間，而一只手錶雖然普普通通，但因爲它有自己的聲音，所以它能從沙粒間輕易地脫穎而出。」

我們哪一個人不是被遺落在時光和歲月的沙粒或草叢深處的一枚東西呢？既使你只是一個微不足道的昆蟲，但只要你擁有自己心靈的聲音，那麼你就會脫穎而出，幸運地被命運的大手輕輕地捧起，假若你是一粒鑽石，雖然價值連城，但因爲沒有自己

的聲音，你也可能永遠被遺落在沙粒或草叢之間。

幸運往往只會光臨那些擁有自己心靈聲音的生命，不管你是一隻卑微的昆蟲，還是一顆價值不菲的珍貴鑽石。

不複雜，幸福就很近

哲人把一位小孩、一位物理學家、一位數學家同時請到一個密閉的房間裡，在黑暗的房間裡，哲人吩咐他們說：「請你們分別用最廉價又能使自己快樂的方法，看誰能最快地把這個房間裝滿東西。」

哲人吩咐後，物理學家就馬上伏在桌上開始畫這個房間的結構圖，然後埋頭分析這個季節裡哪裡是光束最佳的方位，在哪道牆哪個位置開一扇窗最合適，草圖畫了一大堆，絞盡腦汁的物理學家還是因不能確定在哪道牆上開一扇窗而深深苦惱著。而數學家在聽到吩咐後，立即找來了卷尺開始丈量牆的長度和高度，然後伏案計算這間房的空間，又在苦苦思索能用什麼最廉價的東西恰到好處地把這個房間迅速填滿。

只有那個小孩不慌不忙，他找來一根蠟燭，然後從口袋裡掏出一根火柴，哧地劃亮燃亮了蠟燭，昏暗的房間一下子就亮了。在物理學家和數學家還遲遲皺著眉頭

設計著自己的種種方案時，小孩已經歡快地在屋子裡圍著搖曳的燭光幸福地跳舞和歌唱了。

物理學家和數學家看著盛滿燭光的小屋，看著那個不費吹灰之力就簡簡單單獲勝的小男孩不禁面面相覷。

哲人問物理學家和數學家說：「你們難道沒聽說過用燭光盛屋這個古老的民間故事嗎？」數學家和物理學家說：「我們知道這個故事，可我們是數學家和物理學家，怎麼會用這麼簡單獲勝和獲取幸福的方法呢。」

哲學家嘆口氣說：「假若你們還是孩子，你們也一定會用這個方法的，但因爲你們成了大名鼎鼎的數學家和物理學家，簡單就能馬上獲取的快樂和幸福卻被你們套上了一堆堆的圖畫和公式，簡單的心一旦複雜起來，歡樂和幸福就離你們越來越遠了。」

是啊，許多幸福原本就是很簡單的，譬如在口渴的時候遇到了一潭泉水，譬如在寒冷的時候找到了一縷溫暖的陽光，但如果我們的心靈不再簡單，你要計算找到泉水需要多遠，你要細算等到陽光需要多久……而幸福距你就越來越遠了。

其實幸福距你很近，只要你的心靈不複雜。

其實得到幸福很容易，只需要你有一顆簡單的心。

信念是永恆的光

在英國倫敦，有個年輕人名叫斯爾曼，他是一對著名登山家夫婦的兒子，在斯爾曼十一歲時，他的父母在吉力馬札羅山上遭遇雪崩不幸雙雙遇難。父母臨行前，留給了年幼的斯爾曼一份遺囑，希望他們的兒子斯爾曼能接著像他們一樣，一座接一座攀登上世界著名的高山。在遺囑中，他們赫然羅列了一些高山的名字：吉力馬札羅山、阿爾卑斯山、喜馬拉雅山。

這樣的遺囑，對於斯爾曼來說，簡直就是場靈魂的考驗，因爲從年幼的時候，他就是一個殘疾的孩子。他的一條腿患上了慢性肌肉萎縮症，走起路來都有些跛，甚至有資深醫生預測說：「用不了多少年，斯爾曼必須鋸掉他的那條殘廢的腿！」但捧著父母遺囑的那一刻，殘疾的斯爾曼並沒有害怕和退縮，他的眼睛裡流露著一縷火焰般的堅毅：「爸爸、媽媽，請你們在那幾座高山之巔等待著我，我一定會征服那一座座高山，並在世界之巔和你們的靈魂相會！」

往後的六七年裡，斯爾曼抱著征服世界巔峰的堅定信念，馬不停蹄、堅持不懈地鍛煉著自己年輕卻又殘疾的軀體：他跛著腿參加越野長跑，跟隨南極科考隊在白雪皚皚的南極適應冰天雪地的艱苦生活，甚至遠行非洲，到一望無際的撒哈拉沙漠上考驗自己在彈盡糧絕時的野外生存能力。

終於在十九歲那年，憑著自己的堅強和年輕，斯爾曼不遠萬里來到了尼泊爾，來到了世界第一高峰珠穆朗瑪峰的腳下他要首先登上這座世界最高的雪山，在珠峰之巔和他父母的靈魂相會。一個身有殘疾的人要征服珠穆朗瑪峰，斯爾曼的壯舉引起世界各國新聞媒體的矚目。

經過半個月艱苦卓絕的攀登，在暴風雨、雪崩、零下幾十度的嚴寒威脅下一次次死裡逃生後，斯爾曼以殘疾之軀終於登上了世界最高峰珠穆朗瑪峰，站到了地球之巔。他的壯舉，贏得了舉世的崇敬。當眾多媒體在他載譽歸來爭搶著採訪他時，他只說了一句話：「因爲這是我父母遺囑中提到的一座山，還有阿爾卑斯、吉力馬札羅許多高山還在等著我呢！」

二十歲時，斯爾曼登上了阿爾卑斯山。

二十二歲時，斯爾曼登上了吉力馬札羅山

二十八歲前，斯爾曼一座一座全部登上了父母遺囑中所開列給他的高山。在登完最後一座高山後，爲了表達人們對這身殘志堅勇士的崇敬與欽佩之意，歐洲多家慈善機構聯合捐助，請來世界上最優秀的外科醫生，爲斯爾曼實施了截肢手術，爲他裝上了世界上最先進的義肢。

義肢裝上並適應了一段時間後，他可以一口氣輕而易舉爬上二十層高的大樓，也可以動作自如地騎馬、游泳、打高爾夫球，正常人可做的事情斯爾曼都做到了。當人們爲他祝福並滿懷期待地希望他能再創下其他什麼紀錄時，卻傳來令人驚駭不已的消息二十八歲那年的秋天，斯爾曼在他的寓所裡觸電自殺了！

在自殺現場，人們看到了斯爾曼留下的痛苦遺言。在遺言中，斯爾曼不無頹廢地寫道：「這些年來，作爲一個殘疾人我創造了那麼多征服世界著名高山的壯舉，那都是父母的遺囑給了我生命的一種信念。如今，當我攀登完那些所有的高山之後，功成名就的我感覺無事可做了，我沒有了新的目標，我厭倦爬山、上樓，甚至走路，對生活和生命有了一種乏味的感覺。假若再有幾座比珠穆朗瑪峰更高的山峰，或許我會攀登到五十歲或六十歲，可現在沒有了。我感到了無奈和絕望」

斯爾曼的觀點固然是極端的、片面的。但或許眞的如斯爾曼所言，不是過早地征服完吉力馬札羅山、阿爾卑斯山　、喜馬拉雅山，那麼他肯定還會頑強地生活著、不懈地努力著，因爲他心中有目標、有信念。斯爾曼的悲劇在於他沒有及時爲自己找到新的生活目標，沒有將已有的信念及時更新並貫穿始終。

人生就像一根蠟燭，能燃燒多久，並不取決於蠟的長短，而是取決於燭芯的長短。足夠長的燭芯，可以讓所有的蠟汁全都綻開成絢爛的火焰；而燭芯太短，當其燃燒到盡頭時，即使蠟汁尙餘，也會芯盡光竭的。

生命如蠟，而信念如燭芯，只有讓信念貫穿我們的整個生命，我們的一生才會發出永恆的燭光。

追求自我價值，你就是一顆鑽石

一位父親的幾個兒子對人生充滿了疑惑，他們常常唉聲嘆氣地跟自己的父親說：「我們這麼窮，又住在偏僻的鄉間，就是我們努力，但又能如何呢？」

父親說：「孩子們，你們怎麼能如此低落呢？雖然我們現在很窮，雖然我們住得又這樣偏遠，但你們要知道，你們與都市裡人和那些家財萬貫的富人們一樣是生命，是人，你們並不比他們差多少。」父親頓了頓，從口袋裡掏出一張一百美金和一張二十美金的鈔票問：「這是什麼？」他的幾個兒子回答說：「是錢，是美金！」

父親將那張一百美金的舉起來問：「這是錢嗎？」幾個兒子說：「當然是。」父親又將那張二十美金的紙幣舉起來問：「這張是錢嗎？」幾個兒子不解地說：「雖然它只是二十美金，但它依舊是錢啊！」

父親說，是的，那些富人就像一百美金的大鈔，我們很窮，我們就像二十美金的小鈔，但不管它們的數額是多少，它們一樣是錢，一樣是張紙，只是人們將它們印上了不同的數字而已，這就像富人和窮人，只不過是錢多錢少而已，所以你們不必自卑，因爲你們和他們一樣是生命，是人，和他們一樣擁有陽光和上帝。

父親又看看孩子們，微笑著問他們說：「孩子們，你們誰願意要這二十美金呢？」孩子們一聽，全都跳了起來喊：「我要，我要！」父親把二十美金揉成一團問：「現在你們誰還要？」

幾個孩子仍然十分踴躍，爭先恐後地向父親喊：「給我，給我！」父親把二十美金扔在地上，又抬起腳踏上，踩了又踩，然後他彎下腰撿起鈔票，鈔票已經變得又破又髒了。父親舉起這張鈔票說：「誰還要？」他的幾個孩子仍然爭先恐後喊：「我要，我要！」

父親看了一眼自己的孩子們說：「不論這張鈔票被人裝在錢夾裡，還是被人踏在腳底下，也不管這張鈔票是完整和乾淨的，還是又髒又破的，但你們還是想要它，因爲它依舊是二十美金，它還保持著自己的那一份價值。」父親邊說邊掏出火柴來，呼地一簇火苗將這張鈔票點著了，待它成爲一撮灰燼時，父親望著驚訝不已的孩子們問：「現在，你們有誰還要這二十美金鈔票呢？」

孩子們不解地盯著那撮小小的灰燼，誰都不說話，只是低頭望著父親。父親沉默了一會兒說：「當這二十美金自暴自棄失去了價值的時候，沒有人願意要它了，我想，現在連乞丐也不會要它的。」

「孩子們，人就像這張鈔票一樣，保持著自己的價值，在別人眼裡，你才會有價值，如果你自我貶值，失去了自己生命的價值，那你在別人的眼裡就一文不值了。」父親說。

何嘗不是呢？

一個保持和追求自身價值的人，那麼它在別人的眼裡就是一塊鑽石或黃金。一個自我貶值和失去價值的人，那麼它在別人的心裡就一文不值。

能把黃金和鑽石毀成灰燼的，那就是一個人心靈的自我貶值。

瑕斑，就是最珍貴的東西

一個人在曠野撿到了一塊美玉，那是十分難得的一塊玉石，可惜的是，玉石的中間有一塊黑色的瑕斑。他把這塊玉石拿給一位玉石商看，肥頭肥腦的玉石商捧著這塊玉石端詳了半天說：「這眞是一塊罕見的美玉啊，如果沒有中間的那塊黑色瑕斑，它至少可值萬兩黃金。」

「但現在它能賣多少錢呢？」這個人焦急地問玉石商說。

玉石商惋惜地搖了搖頭說：「可就是因爲那塊瑕斑，它現在頂多能賣百兩黃金。」這個人失望地抱著他的玉石走了。回到家裡，這個人把他的那塊美玉放在桌上，兩眼盯著玉石中間的那塊瑕斑不住地唉聲嘆氣。他的妻子見了，問他說：「咱幸運撿到了一塊美玉，高興還來不及呢，你爲什麼還這麼長吁短嘆的？」

這個人把玉石商的話說給他的妻子聽，他的妻子一聽，也痛惜了半天，忽然高興地一拍手說：「既然是因爲那塊瑕斑，玉石才貶值了，那我們動手把那塊暇斑剔掉不就好了嗎？」

這個人一聽，兩眼一亮說：「對呀，削掉那塊瑕斑不就是了嗎？」於是，他找來了錘子和鑿子，一錘一錘小心翼翼地鑿起那塊瑕斑來。但那塊瑕斑生在玉石的深處，要想剔鑿掉必須先鑿除上面的玉石，這個人想，鑿掉一些玉屑就忍痛鑿掉一些吧，如果不鑿掉那塊瑕斑，自己的這塊罕世珍玉只值百兩黃金，和普通的玉石又有什麼區別呢？錘子叮叮噹噹響，玉屑紛飛，當那塊碩大的玉石小了不少時，這個人的鑿子終於鑿到了那塊黑色的瑕斑，這時他才發現，這塊瑕斑非常深，要想徹底剔鑿掉它幾乎要鑿穿整塊玉石，但想到一萬兩黃金和區區一百兩黃金，這個人就什麼也顧不得了，繼續揮著錘子叮叮噹當地剔鑿。

瑕斑徹底鑿掉時，這個人也頓時傻眼了，因爲在剔除最後一錘時，那塊玉石砰地也碎了，碎成一堆拳頭大的碎塊，痛惜萬分的他抱著那一堆碎玉塊又去見那個玉石商，玉石商大吃一驚，捶胸頓足地痛惜說：「你把一塊美玉鑿成了一堆廢石，一塊絕世美玉被你毀掉了。」這個人分辯說：「一塊玉石雖然變成了一堆碎玉，可它終於沒有那塊瑕斑了呀，你說，這堆玉石能賣多少黃金呢？」

玉石商悲忿地一把推掉桌上的那一堆碎石說：「它們現在只是一堆普通的廢石了，連一兩黃金也不值了！」

那個人一聽，頓時就呆住了。

瑕不掩玉，純眞生命裡已經存在著一塊瑕斑就任它存在下去吧，刻意地剔除寶石深處的瑕斑，瑕斑徹底剔去時，你也往往失去了自己珍貴的寶石。

快樂，在忙碌裡

一群年輕人整日遊手好閒，他們到大街上閒逛，到酒吧裡喝酒，到公園的長椅上百無聊賴地閒坐和睡覺。「這眞是連一點意思也沒有的生活，簡直是無聊透頂，我已經過夠了！」一個青年說。

「是啊，這種生活眞是沒意思，連一點快樂的感覺也沒有。」有人附和說。「但肯定有一種生活是快樂的，只是我們沒找到罷了，不如我們現在就去尋找吧？」

「對，與其這樣無聊透頂活著，不如我們去尋找快樂去！」於是一群年輕人出發了，他們先是在街上遇到一個哼著小曲的馬車夫，「瞧他那得意的樣子，悠閒地叼著煙斗哼著小曲，心裡肯定快樂極了，我們去找他問一問快樂去！」這群年輕人攔住了馬車夫，馬車夫說：「快樂？我當然很快樂了，剛剛有一位老闆雇用了我的馬車，但現在，又有一位先生主動雇用我的馬車了，我這半天都有事做了，你們說我能不從心裡感到快樂嗎？」靠給別人出力做事換取快樂？年輕人可不願獲取這樣的快樂，於是，這群年輕人不滿地走開了。

他們在莊園附近遇到了一個笑眯眯的農夫，他們攔住滿臉自足的農夫說：「你這樣高興，肯定生活得十分快樂了，你能告訴我們，你自己是怎樣才生活得如此快樂嗎？」農夫說：「我種了二十多畝地，今年又風調雨順，我的莊稼一天一個樣，到了秋天，肯定能多收不少糧食，一家人從此吃喝不愁，你們說我能不快樂嗎？」原來只爲莊稼長得好秋天可以多收一些糧食就值得這樣快樂？年輕人們十分失望。於是他們又走了。

他們遇到過牧人，牧人爲發現一片肥美的水草而快樂；他們遇到過木匠，木匠爲完成一隻小木椅而快樂；他們也遇到過乞丐，乞丐爲得到別人施捨給的一小塊麵包而快樂……他們越來越不明白，爲什麼那麼微不足道的小事，卻能讓那麼多的人感到快樂呢？

最後，他們找到了一位哲人。哲人聽了，微笑著說：「這很簡單，你們能夠造出一條船來，那麼你們就各自找到自己的快樂了。」年輕人們聽了，就半信半疑地上山

了，一個渾身力氣的上山伐樹，一個喜歡設計的忙著待在家裡劃圖紙，而另一個喜歡做木工的則推拉刨鋸砰砰噹噹做起了木工的活，還有一個喜歡雕刻的則在木頭上匠心獨具地做起了雕刻來。一個多月過去了，他們個個累得渾身痠痛，但依然興趣不減，有的半夜來了靈感，還要味盎然地爬起來做。

木船造好了，年輕人們把它推下水，木船做得又大又漂亮，年輕人們邊奮力划槳，邊快樂地齊聲歌唱了起來，哲人問：「年輕人，你們快樂嗎？」年輕人們個個臉上蕩滿了喜悅的笑意，他們回答說：「我們當然快樂了！」

哲人說：「快樂就這樣簡單，當你在某一個時候爲你的目標而忙碌得無暇顧及其他的事情時，快樂就會光顧你了。」

人生的幸福其實就是這麼地簡單，當你爲你喜愛的事業而忙碌不停的時候，心靈的快樂就在其中。

快樂，就在一個人的忙碌裡。

再堅持一點點，就達成功邊緣

一艘輪船在海上不幸遇難，有一個乘客十分幸運地在船沉之前抱住了一根木頭。船沉後，他死死地抱著那根木頭，在茫茫大海上隨波逐流，最後，在漲潮時，他又幸運地被漂到一個林木蔥蘢的小島上。

到島上後，他立刻把小島走了一遍，找到了一眼清爽甘甜的泉水，又幸運地找到了一些蘑菇和野果，他把所有能吃的食物全部採擷過來，這些食物足夠他吃一個月。

他很爲自己慶倖，大吃了一頓後，他馬上動手用木頭搭起了一個小木屋，讓自己棲身和儲存自己的食物。然後，他就不慌不忙地坐在島上等待那些過往的船隻，但令他失望的是，五六天過去了，他連一艘船的影子都沒有看到，陪伴他的，只是呼嘯的海風和一群一群嘰嘰喳喳的海鳥。

有一天上午，下起了瓢潑大雨，海面上烏雲翻滾雷鳴電閃，他冒雨趕到小島另一側的懸崖下去張望船隻。天近中午時，只聽一聲驚天動地的響雷，把整個小島都震得石破天驚，忽然，他看見遠在小島另一側的小木屋上空升騰起了滾滾濃煙，他大驚失色，急忙爬下山崖跌跌撞撞趕到自己的小木屋前，發現一切都已經晚了，他的小木屋已被雷電點燃，幾乎全部化爲灰燼了。

他十分難過，自己乘船遭遇沉船，好不容易抱住一根木頭死裡逃生落到這個荒島上，棲身和儲存食物的木屋卻又被燒成了灰燼，這難道不是上帝的意思嗎？既然上帝不允許自己活下去了，自己怎麼苦苦掙扎都只能是枉費心機，他找來一塊白色的花崗石塊，在海邊的岩石上刻上自己的遭遇和不幸，然後找一根藤子在樹上吊死了。

傍晚的時候，一艘輪船從這裡經過，船上的水手們望見這座荒島有一陣濃煙，於是馬上將船駛向荒島。但令他們遺憾的是，荒島上的那個人已經上吊死了，大家看了他留在岩石上的那些遺言，禁不住個個扼腕嘆息說：「如果他能再堅持半個鐘頭，只再堅持一點點，那麼他就可以乘我們的船的回家了。」

是的，許多關鍵的時候，也恰恰是需要我們再咬牙堅持一點點的時候，你再堅持這一點點，你就握住了成功。你放棄了這一點點，你就可能功虧一潰了。就像黎明前的夜色是最黑的時候一樣，在成功的邊緣，在成功即將到來時，也往往是我們心靈最困難最吃力的時刻，這時，我們最要告訴自己的就是：再堅持一點點。

改變自己，比改變世界更簡單容易

在遠古的非洲，人們還不知道什麼是鞋子，一位部落酋長想到遠方去和另一個部落首領認識並結盟，可是路實在太遠了，而且遍佈著毒蛇和荊棘。

酋長想就赤著腳去，但怕荊棘一旦把腳割破了，能不能靠一雙破腳走到那個部落很難說，而且，赤著一雙血肉模糊的腳去，不僅僅是對別人的不尊重，說不定還會被那個部落的人所瞧不起，那些人也許會指著酋長的破腳說：「這麼貧窮又這麼沒有智慧的部落，和他們結盟有什麼意義呢？」

酋長讓部落裡的智者們都想辦法，智者們想了好久說：「派一幫年輕人抬去怎麼樣？這樣你的腳就不會被荊棘和石塊給割爛了」。酋長聽了，點點頭，但馬上又搖了搖頭說：「不行！讓他們抬我去，雖說我的腳可以避免被割爛，但抬我去的那些人腳肯定會被割爛的，一雙爛腳都會被人家瞧不起，何況幾十雙爛腳呢？而且讓別人見了我是被人們抬去的，那個部落的人會認爲我是個殘暴又無情的酋長，肯定會從心眼裡更瞧不起我的。」

酋長憂愁地皺著眉頭說：「不行，你們必須想出一個更好的辦法來！」

智者們十分爲難地走了。

過了幾天，一個智者高興萬分地來拜見酋長說：「至高無上的酋長啊，我終於想出一個奇妙的主意啦。」酋長一聽，頓時眉開眼笑說：「快，快，快把你奇妙的主意告訴我！」這個智者得意地說：「我們用獸皮給你鋪一條路，一直鋪到那個部落裡去不就行了嗎？」

酋長一聽，不禁欣喜若狂說：「對呀對呀，這眞是一個奇妙的主意！」但轉爾一想，酋長又憂愁了，酋長說：「從我們這裡一直鋪到那個部落裡去，這麼遠的路，需要多少的獸皮啊，就是狩獵到我老死，也遠遠獵不到那麼多的獸皮啊！」智者們一想，是啊，那得多少獸皮才夠用呢，那麼遠的路，就是獵盡這大草原上所有的動物，牠們的皮怕是也不能鋪到。

酋長和一大群智者們把腦袋都想痛了，但是仍然想不出一個合適的辦法來。

這時，一個年輕人聞訊來見酋長說：「至高無上的酋長，我們雖然沒辦法改變草原上的長路，但我們總應該能夠有辦法改變我們的腳吧？」

酋長的雙眼一亮，高興地鼓勵那個青年說：「年輕人，快把你的好主意說出來！」年輕人走到酋長前，從腰上解下兩塊獸皮，然後彎下腰去，用獸皮把酋長的腳包裹起來說：「這樣您的腳就不會被那些可怕的荊棘割破了。」酋長走到外面的野地裡試了一試，驚喜地說：「這眞是一個絕對奇妙的主意！」

後來，那酋長果然就用獸皮裹著腳走到了那個遙遠的部落，並且，他的腳果然完好無損。

是的，有許多時候，我們可能沒有能力去改變世界，甚至改變我們周圍的環境，但我們可以試著去改變一下自己。

改變自己，總比我們去改變別人和世界更要簡單和容易。

絕望後的另一扇門

有個老農，很辛勤地種著自己的莊稼，土壤豐厚肥沃的地方，他就種小麥種玉米，河邊的水田裡，他就種水稻，那些沙地裡，他就種花生、種西瓜。不管氣候怎樣，對這位老農來說，每一年都可以算是他的一個豐收年，因爲總有一樣作物是豐收的。

有一年，氣候十分乾旱，從初春到秋天幾乎沒有下過一場雨，河斷流了，泉水乾涸了，井裡的水也淺得能一眼就看到泥沙，許多人都待在家裡，不再去管理自己的莊稼了，只有這個老農，還是扛著鋤頭挑著水桶一天也不歇地往自己的地裡跑，鄰居勸他說：「天這麼旱，你就是累死，也救活不了你的莊稼了，還這樣去田裡忙什麼？不如待在家時舒舒服服地歇幾天。」老農嘆息說：「是啊，地裡的玉米和水稻、大豆怕是已經回天無力了，但我在河邊那半畝西瓜殷勤弄些，或許還會有些收成的。」

「半畝西瓜？」鄰居們都笑了，「那麼多的莊稼都旱死了，那半畝西瓜又能有什麼用呢？」

但老農不聽他們的，每天吃過飯，他都帶上鐵鍬和水桶到河邊的西瓜地裡去，先用鐵鍬在已經乾涸的河床上打井一樣挖出好大一個泥坑，挖出水後，用瓢一瓢一瓢地盛到桶裡去，再一挑一挑擔到西瓜地裡去澆溉他的西瓜秧。雖然其他的莊稼都已經旱得涸死了，但老農的那半畝西瓜地卻始終是一片碧綠的綠洲，那瓜秧爬得長長的，張張揚揚的，每一片葉子都長得水汪汪的大大的。

老農的兒子也勸老農說：「別看瓜秧長得不錯，但能結瓜不能結瓜還不一定呢，你沒看河床上你挖的泥坑不是越來越深了嗎？」

老農卻自信地搖搖頭說：「水是越來越難挑到了，可兒子你還不懂得，旱瓜澇稻啊，雨水的年份水稻豐收，天旱的年份西瓜好吃啊！」老農不顧別人怎麼說，還是早出晚歸地忙著澆溉和照料自己的半畝西瓜地。

炎夏時，老農的西瓜成熟了，那一個一個西瓜長得翠亮滾圓，切開嘗一口，那瓜又沙又甜，簡直就像糖汁一樣，十分地好吃，加上這一年天旱，市上也沒有別的水果和瓜物。老農的西瓜被人們搶著買，賣得快不說，還賣上了一個讓人直咋舌的大價錢，老農大大賺了一筆錢，讓街坊鄰居們一個個後悔又羨慕不已。

「旱年的西瓜特別地甜。」上帝在給我們關上一扇門的同時，又爲我們打開了另外一扇門。

對於一顆沒有被絕望淹沒的心靈，天堂的門會永遠開著。

比黃金還貴重的水

很久以前，一個阿拉伯商人來到非洲的撒哈拉沙漠，他找到一位嚮導，答應給嚮導一點點金子，然後要嚮導帶他穿過茫茫的撒哈拉沙漠去。

商人帶著很多的寶石和黃金，臨行前，嚮導再三要求他說：「你帶這麼多的寶石和黃金，怎麼帶水呢？沙漠可不同別的地方，穿過它需要有足夠的水。」但商人根本不聽，他很不在乎地問嚮導說：「一點點兒的金子，就能買到一個湖泊，但多少的水才能買到一點點兒的金子呢？」他們上路了，嚮導身上掛滿了大大小小幾十個水袋，但固執的商人由於帶著很多的寶石和黃金，所以他的身上只帶了一點點兒的水。

沙漠裡氣溫很高，走了沒多遠，他們就開始喝水了，剛剛走到沙漠腹地的時候，商人的水已經喝得滴水不剩了，而嚮導的水卻很充足。嚮導埋怨商人說：「早就告訴你要多帶些水，但你不捨得你的寶石和黃金，就帶了那麼一點點水，現在你的水就用完了，接下來的路上你喝什麼呢？」

商人狡黠地嘿嘿一笑說：「我有寶石和黃金，還怕買不到水嗎？」

嚮導不解地說：「可這茫茫大沙漠裡，哪裡有賣水的呢？」商人得意地一笑說：「你喜歡寶石和黃金嗎？」嚮導爽快地說：「我又不是傻子，怎麼會不喜歡寶石和黃金呢？」商人哈哈一笑指著嚮導的水囊說：「那我不就找到賣水的人了嗎？」

嚮導聽了，長長地嘆了一口氣說：「你想錯了，我雖然也需要寶石和黃金，可在這大沙漠上，沒有這些寶石和黃金我卻可以活著走回去，但沒水可不行，沒有了水就等於我沒有生命了，在這沙漠上，有水才有生命，水就是一個人的生命啊，難道我會傻到不要自己的生命換那些沒用的寶石和黃金嗎？」

又走了半天，商人渴得實在受不了了，就向嚮導提議說：「我用一點兒的金子買你一水袋水怎麼樣？」嚮導搖搖頭拒絕了。又走了一段，商人渴得確實難受極了，於是他向嚮導懇求說：「我用半塊金子買你一袋水行嗎？」嚮導還是拒絕了。最後，商人感到自己如果再不喝點水就會被渴死，於是乞求地問嚮導說：「你說，我用多少金子才能買你一水袋水呢？」嚮導說，給我多少金子我也不想賣給你一水袋的水，因為這水就是我的生命啊，不過，如果真不賣給你一點點的水，你要在這沙漠上渴死了，別人會誤解說我謀財害命，是因為貪婪你的寶石和黃金把你給殺死了，所以我不得不賣給你一點點水了。不過嚮導出價說：「我這一袋水，最少要換十錠黃金！」商人一聽，大吃一驚說：「水怎麼能那麼貴呢？竟然比我的寶石和黃金還要貴？你這眞是漫天要價信口開河呀！」

嚮導不慌不忙地說：「如果是在河邊或湖畔，那麼這水的開價是有點貴，但現在是在沙漠上啊，答應賣給你一點水，那就是我自己在拿我的生命做賭注，你說我這水貴嗎？」

商人沒辦法，只得用十錠黃金買回了嚮導的一皮袋水。

水也有比寶石和黃金更昂貴的時候。

不要自卑我們平凡得只是一滴普通的水，也不要埋怨我們自己普通得就像是清晨草原上的一滴露水，但如果換一個地方和環境，當我們自己被許多的心迫切需要的時候，我們就可能成爲黃金中的黃金，就可能成爲寶石中的寶石，一滴水就肯定比寶石和黃金更昂貴。

大方接納，慷慨給予

村子裡有兩口水井，一口在村南，一口在村北。

村子裡的地下水位很高，地下水也十分豐富，因此那兩口井都是好井，井裡的水清洌、甘甜，像瓊漿一樣，掬一捧喝到口中，一下子就又甜又爽甜到了心裡去。開始的時候，村南的人汲靠近村南這口井裡的水，村北的人汲靠近村北這口井裡的水。兩口井裡的水都很旺，總也汲不涸。後來有一天，村北的水井裡落下了許多井台旁白楊樹飄落的葉子，村北的人到井上汲水，往往汲上來許多樹葉，有些村北的人便不再來這口井汲水了，他們挑著水桶，吱吱呀呀往村南去，去村南的那口井汲水，反正村子也不大，村南村北也就不到半里地的路，到村南汲水，也多費不了多少的力氣。

慢慢地，村北的人汲水都到村南的那口井去了。村北的那口井就閒了下來，它很高興，自己需要多少水，地下泉就會湧給它多少水，但沒人再來自己這心裡汲水了，自己終於不再擔心那水桶咕咚咕咚吊到自己心臟深處的討厭汲水聲了，自己想多安靜

就多安靜，可以悠閒地仰望頭頂上的那一片藍天，可以幽靜地蕩著輕輕的漣漪想自己的心事，它覺得村南的那口井太傻了，整日裡忙著向地底的泉源引水，又忙著把引來的水讓別人汲去，討厭的水桶上上下下的，連片刻的安靜也享受不到，除了忙著接納和給予，它自己又能得到些什麼呢？

一年過去了，兩年過去了，村南的水井更忙了，村北的水更悠閒了。一天，一個老太太偶爾到村北的井裡汲水，汲上一桶水後，老太太馬上就嘩啦倒掉，然後挑著水桶到村南的井裡汲水去了，因爲村北井裡的水已經發黑腐臭了，而且生滿了蠕動的黑蟲子。後來，再沒有人來村北的井裡汲水了，它成了一口廢井，村裡的人商量著準備填掉它。

聽到人們要填掉自己，村北的水井害怕極了，它傷心地找到村南的水井，村南的水井惋惜地告訴它說：「能接納，也能給予，一口井裡的水才能變得甘甜，變得清冽。只接納而不給予，活水就成了死水，就會變腐、變臭，自己就廢了自己，到頭來就只能落得個讓人填掉的悲劇命運啊。」

井靠接納、給予方能保持自己的永久活力，人也是。一個只接納而吝於給予的心，總有一天它會變腐、變臭，惹得眾叛親離，成為一口生命的廢井。

大方地接納，慷慨地給予，這才是一顆心成為甘美水井的永恆秘密。

不足，常常隱藏在最出色之處

他是一個技藝高超的木匠，不管是多麼破爛、多麼彎曲的木頭，只要你交給他，他都會化腐朽爲神奇，奇蹟般爲你做出一件讓你滿意萬分的傢俱。

但更讓別的木匠羨慕不已的是，他的製作手藝高超不說，更拿手的是他的修補手藝，不管是門窗、櫃子、椅子、凳子，斷腿的、缺角的、有破洞的。只要交給他，他很快就把它們修補得完好如初，甚至許多經他手修補的傢俱，就像是一件做工精細的工藝品。

有一天，他家的椅子壞了，他的妻子對他說：「這把椅子的木頭朽到不行了，我們有現成的木料，乾脆，你重新給我做幾把椅子吧。」他拎起那幾把破椅子看看，說：「有我這把手藝，你還愁沒椅子坐？」他取來幾根木料，呼呼噹噹忙了半天，那些原本斷腿的、破洞的椅子就被他一一修好了。他的手藝雖然好，但新用的木料和原來椅子的木料新舊不一，椅子雖然坐著很舒服，但木料色澤不一，就像一件打了補丁的衣服，外表很不好看。

椅子用了半年，有的地方又壞了，那都是些原來沒修補過的地方。他的妻子說：「你有手藝我們又有木料，這次，乾脆重新做幾把新椅子算了，坐著舒服，又漂亮好看，反正，那些木料不用也在牆角裡閒著。」他一一拾起那些椅子看了看，說：「重新做浪費木料，只用幾根就能修補好了，我有這手藝，還是修補修補吧。」他又取了幾根木料，忙碌半天很快又將那些缺胳膊少腿的破椅子修補好了。但沒過多久，那些修補過的椅子有許多又破了，於是他又鋸了幾根木料進行了修補

幾年過去了，那些椅子又壞了，他又去牆角取木料想重新修補時，才發現那堆木料已經用完了。他的妻子埋怨他說：「重新做幾把椅子多好，木料新，又漂亮又結實，可你非要一次次修補，家裡沒坐上過新椅子不說，還把那堆木料用完了。」他妻子又拉他去看自家的大門說：「瞧瞧咱家的大門，也是因爲你會木工手藝，更擅長木工修補，破一塊地方你補一塊，破兩塊地方你補一對。你去瞧瞧鄰居的大門，再看看我們家的大門，簡直不能相比！」他踱出院子，看一眼自己家的大門，果然補得東一

塊的西一塊的十分難看，而鄰居家的大門，個個做得漂亮又氣派，刷著鮮亮的紅漆，自己家的簡直和別人不在一個檔次，根本沒法相比。

他驀然明白了，正因爲自己是一個手藝高超的木匠，所以自己家裡才沒有一件像模像樣的傢俱，才沒有渾然一新的大門和一把嶄新的椅子啊。

「屠戶家裡沒肉吃，木匠家裡沒傢俱。」這是一句十分古老的諺語，可能是說屠戶和木匠，但又何嘗不是在警示我，警示你，警示生活中的每一個人呢？行業上的造詣很重要，但恰恰是因爲我們擁有一技之長，就像這位木匠那樣，能夠爲別人打造千萬把椅子，而自己家裡卻沒有一把舒服的椅子坐呢？

過於看重自己的長處，往往製造了自己的缺陷，一個人的不足，常常就隱藏在他最出色的地方。

人生貴在艱困時

一個老船長被聘請到一家海運公司當船長。這是一家頻頻發生沉船事故的海運公司，對事故心有餘悸，成了這家公司船員們冰山一樣沉重的心理障礙，嚴重影響了公司的正常海運業務。

滿頭白髮的老船長上船後，在船長艙裡看了看掛在壁上的貨船航線圖，他吩咐把它取下來。船上的水手們說：「這是公司好不容易花費鉅資才請來專家們繪的航線圖，航線基本都在淺水區，而且暗礁和險灘都標得十分精確，不要這幅航線圖怎麼行呢？」老船長不理睬水手們，只是要求公司能馬上提供一份航線深水區示意圖。

船上的水手們十分不解又十分驚慌，過去他們在淺水區按航線行船，船隻遭遇不測時，大家憑自己的水性和泳技，能夠很快找到荒島和礁石，可以死裡逃生僥倖逃過一次次劫難。但船隻在深水區航行就可怕得多了，一旦遭遇沉船，茫茫大海上不僅很難找到荒島礁叢，而且連一根稻草也往往找不到，那就很難有生還的機會了。心有餘悖的船員們立刻嚷嚷著對老船長的這種做法提出了大膽的質疑和憤怒的抗議。叼著橡木煙斗的老船長什麼也不說，他撕下一頁厚厚的牛皮紙，在甲板上三折兩折就折出了一條漂亮的紙船，又找來了一個木盆，倒上半盆的水，然後又往木盆裡丟下一些差不多和水深一樣高度的石塊，老船長把紙船放進木盆裡，扳住盆沿輕輕地搖了幾搖，頓時，那紙船在木盆裡晃晃蕩蕩的，不是撞到這一個石塊，就是擱淺在另一個將露而未露出水面的石塊上，只幾晃那個紙船便被撞碎了，看得圍觀的水手們個個都捏了把冷汗。

老船長把紙船撈出來，又折了一個紙船，然後吩咐一個年輕水手將盆子裡水倒滿，才將這個紙船放到了盆子裡，盆子裡的水深了許多，剛才那些浮出水面和淺淺淹在水面下的石塊現在深深淹在了水底，老船長扳住盆沿晃了晃，紙船在盆裡搖搖擺擺晃來晃去，雖然顛簸得十分厲害，但因爲沒有冒出水面的石塊，也沒有淺淺掩在水面下的石尖，紙船在盆子裡安然無恙。

老船長取下了嘴上叼著的橡木煙斗，望了一眼那些疑惑不安的船員們說：「明白了吧？水最深的地方，礁石和暗礁就沒有了，行船也就沒有或減少了不幸觸礁的危機，行船就更加安全了，而在淺水區，險灘和暗礁就全浮了出來，就是再有經驗的船長，也很難做到不出事故的。」老船長頓了頓，又深深吐了一口煙說：「這是我駕船和海打了一輩子的經驗了。水越深的地方，行船也是最安全，而水越淺的地方，卻恰恰就是沉船事故多發之地啊！」

人生又何嘗不是呢？當我們生活處於最深危機的時候，那些雞毛蒜皮的小困難都被掩在了最深處，它們不能對我們構成一點點的威脅，於不經意間被我們輕而易舉地一掠而過了。而當我們處於風平浪靜的生活淺水區時，那些原本不值一提的小事情卻成了一道道人生的險灘和暗礁，往往把我們撞沉和擱淺。

行船要選深水區，人生也貴在艱困時。

給自己一個方向

兩個探險隊員要橫穿撒哈拉大沙漠，當地的人說：「穿過這片沙漠，至少需要十天。」於是他們帶上足夠十天用的水袋和一些食品上路了，進入浩瀚的茫茫沙漠腹地後，兩個人對前進的方向發生了嚴重分歧，一個堅持按指南針標出的方向向北正走，這是他們臨行前已經計畫好的路線，而另一個呢，卻堅持說：「我們應該朝有水的方向走。」因爲進入沙漠幾天來，他們已經不止一次地發現，按以前計畫的跋涉路線，他們要走的路上除了那些可怕的一道道起伏沙梁，幾乎連一棵駱駝刺也沒有，而其他的方向裡，除了有駱駝刺外，還有一些三三兩兩的紅柳叢。尤其讓想改變跋涉路線的那個隊員動心的是，除了他們要走的正北方向外，在其餘三個方向裡，他們都不只一次地看到了迷人的村莊和誘人的湛藍色湖泊。

經過幾次爭執，堅持己見的他們決定分手了，一個人按計劃的跋涉路線走，一個人則改變方向，向有紅柳叢和湛藍色湖泊的方向走，但令他疑惑的是，那些湖泊和模糊的村莊是那麼地飄忽不定，他一直朝著那些村莊和湖泊走啊走啊，但一轉頭，卻發現村莊和湖泊已在另一個方向裡，沒辦法，他只好掉轉方向邁著沉重的步履又向那些村莊和誘人的湛藍色湖泊走去，等他走得精疲力竭時，卻又驀然發現，那些迷人的村莊和湖泊又在另一個方向裡。

十天後，那個堅持向正北走的隊員風塵僕僕地走出了那片浩瀚的沙漠，而那個在沙漠腹地追蹤村莊和湖泊的人卻再也沒有走出來，當地的人嘆息說：「他被沙漠裡的海市蜃樓迷惑了，沙漠裡怎麼會有村莊和迷人的湖泊呢？一個沒有自己方向的人，肯定要葬身茫茫大漠裡的。」

「堅持自己的方向，摒棄海市蜃樓的迷惑。」這是橫穿沙漠的唯一方法，也是大沙漠探險家的生存哲言。

但又有多少人堅持了呢？

在人生的茫茫沙漠裡，有多少人不是被生活中的海市蜃樓所蠱惑，放棄了自己的人生方向，於是成了生活的碌碌殉道者？而那些堅持自己方向的人，他們沒有被燈紅酒綠紙醉金迷所迷惑，他們沒有見異思遷，沒有急功近利，他們默默地向著自己生命的方向苦苦地跋涉，於是他們從生活中脫穎而出，成了生命的巨人。

給我們的人生一個方向，堅持我們人生的方向，這樣我們才不會迷失在生活的海市蜃樓裡，才能最終從社會的茫茫沙漠中「活著」走出來。

一層薄薄的銀足以以構成盲點

有個英國商人，常常譏笑他的一個從事天文學研究的朋友說：「你總是在觀察星體，可在那遙遠的星球上，你發現過一塊哪怕是微不足道的金子了嗎？」

貧寒的天文學家說：「金子倒沒發現過，我只是看到了一個更博大的世界。」商人不屑地說，「腳下有金子不撿，卻要去看什麼遠得摸不著的世界，對於財富和生活，你可眞算個十足的盲人啊。」天文學家說：「知識讓我眼盲，但財富卻讓你心盲，我眞說不清楚你我誰才是眞正的盲人啊。」

天文學家把商人拉到自己的窗前，對商人說：「告訴我，你現在看到了什麼？」商人說：「街道行人、郊外的田野、隱約的群山，噢，那不，還有藍天和一朵一朵悠悠的白雲。」

「美嗎？」天文學家問。

「當然美啦！」商人不解其意地回答。

天文學家又把商人帶到一面鏡子跟前，微笑著問商人說：「告訴我，你現在又看到了什麼？」商人俯下身子反復看了看鏡子說：「什麼也沒有，只有我自己。」

天文學家問：「美嗎？」

商人聳聳肩自嘲地笑笑說：「就我這面孔，怎麼會有田野、街道、群山和藍天白雲美呢？」

天文學家笑了。天文學家說，「其實，窗子和鏡子都是玻璃，透過窗子的玻璃，你能看見世界的美和自然的美，而鏡子呢，只能讓你看到你自己，同是玻璃，鏡子的玻璃只不過比窗子的玻璃多塗了一層薄薄的銀而已。一層薄薄的銀已經讓你看不見世界而成爲盲人了，那麼黃金或許會讓你的心也失明的。」

是的，一層薄薄的銀已經讓許多人看不見別人、看不到世界而只能看見自己了，薄薄的一層銀，成爲了世上許多人的人生盲點，許多人都因爲這一層薄薄的銀而看不清世界和自己的人生，這一層薄薄的銀，使許多人成爲了心靈的盲人。

我們生命的視線常常就被這一層薄薄的銀給遮住了，它使我們看不到夢想、看不到未來、看不到屬於我們每個人生命的眞正鑽石和黃金。讓歲月虛度，讓夢想破滅，其實，一層薄薄的銀已經足夠了。

NOR

卷三

爲生命多想一點點

成功和偉大並非如我們所想的那樣高不可攀，只需要有一顆不平常的心，同時多想那麼一點點。

別在完成前積心處慮地盯著困難

那時，他剛剛十九歲，正在德國哥廷根大學讀書學習。他酷愛數學，那些枯燥的數字和變幻莫測的公式、幾何圖形讓他沉迷不已。在他的導師看來，他不僅極具數學天賦，而且刻苦努力，或許能夠成爲一位出色的數學家，因此，在每天批改完全班同學的數學作業後，對他寄予厚望的導師總會額外給他佈置兩道難度較大的數學題。

一七九六年深秋的一天，吃過晚飯後，他照例趴在課桌上完成導師安排給他的兩道數學題，那兩道習題他在不到兩個鐘頭的時間內順利做完了。就在他卷起那兩道習題紙的時候，一個小紙條從導師交給他的題紙中掉了下來。他撿起紙條一看，紙條上是一道數學題，他沒有多想，只是以爲那是導師另外給他安排的習題，於是他又坐下來，埋頭做了起來。

這是一道特別難做的習題，幾年了，導師從沒有給他安排過如此高深的習題，他感到前所未有的吃力。他攪盡腦汁，集聚自己所學過的全部數學知識，全力以赴從各個角度去演算這道數學題，但成效不大，直到半夜時仍然毫無進展。既然導師把它安排給了我，那麼它肯定有一個解題的方法，只是自己現在還沒有找到這種方法而已，他決定一定要把它做出來！

圓規、直尺、鉛筆、紙，他趴在課桌上又寫又畫，草稿畫滿了一張又一張，圖形推敲了又推敲，但還是找不到答案。他伏在課桌上閉上眼思考了幾分鐘，他覺得，用常規的數學思維對付這道題顯然是不可能找到答案的，要解開它，或許需要跳出常規的數學習慣思維才可能會柳暗花明。於是，他重新調整了思路，又取出厚厚一遝草稿紙，又一頭栽進那道高深莫測的數學試題中……

當遠處教堂裡的晨鐘悠悠地響起時，熬紅了雙眼、累得精疲力竭的他忍不住微笑了起來，他慶倖自己終於解出了這道數學題。他將這道題的答案和另外兩道數學題匆匆送給了他的導師，並且愧疚地對導師說：「對不起，寫在小紙條上的第三道題的確太難了，我十分吃力，整整做了一個通宵，不過還算不錯，我終於把它解答出來了。」

「什麼小紙條上的第三道題？」導師有些莫名其妙，但當他看過年輕人第三道題的答案後，立刻就呆住了，他用顫抖的聲音問自己的學生說：「這眞的是你做出來的嗎？」看著驚訝不已的導師，他點點頭說：「是的老師，是我解答出來的，不過，實在有些太不好意思了，這一道題我竟做了整整一夜。」導師興奮地馬上拉他坐下，竭力壓抑著自己內心中的激動吩咐他說：「你現在重新給我解答一遍讓我看看。」在導師的焦急注視下，他重新解答出了這道題，並規範地在一張草稿紙上畫出了一個正十七邊形。

捧著那張草稿紙，導師欣喜若狂得頓時語無論次，導師激動萬分地告訴他說：「你創造了世界數學史上的一大奇蹟，這道題已經懸而未決兩千多年了，阿基米德對它束手無策，牛頓也沒有解出答案，兩千多年了，多少傑出的數學家對它望洋興嘆，但你僅用一個晚上就解出了答案，年輕人，你是一位天才的數學家啊！」

他一聽，頓時也愣了，阿基米德、牛頓都是高山仰止的數學泰斗啊，他們沒有找到答案的數學試題，一個兩千年都懸而未決的數學難題，竟被自己在一夜之間攻克了。他高興萬分地對導師說：「幸虧您沒提前告訴我有關這道題的歷史眞相，要不，我很可能不敢冒然去解答它的。」導師說：「我也並非是把它安排給你做的，我在其他地方見了這道習題，把它抄在紙條上，準備以後慢慢研究，沒想到夾在試題中給了你，更沒料到，你用一夜時間就創造出了世界數學史兩千年也沒能突破的偉大奇蹟！」

年輕人興奮地笑了：「眞是無知者無畏啊，如果我知道這道題的歷史眞相，或許奇蹟就難以出現。」這個年輕人便是後來聞名於世界的數學王子高斯。

無知者無畏。在我們不知道困難有多大的時候，我們往往有信心和勇氣勇敢地向困難發出挑戰，但一旦窺見了困難，我們往往就望而卻步被困難嚇退了，這就是許多才華橫溢的人最終成爲庸庸碌碌者的重要原因。

放手去做你的事情，別在完成事情之前去積心處慮地盯著困難，這是奇蹟誕生的最好搖籃。

窮人最缺什麼？

法國媒體大亨巴拉昂出身貧寒，他出生在法國南部一個偏僻、貧窮的村莊裡，後來，他們舉家遷移到巴黎，在巴黎的一個貧民區裡生活並長大。

十六歲的時候，巴拉昂輟學了，他到一家旅館找了一份做服務生的工作。在旅館裡，這個一臉稚氣的服務生是最有名的好奇者，一旦旅館入住了一位一擲千金的大富翁，巴拉昂便要好奇地打探這位富翁是做什麼的，是哪裡人，甚至還要千方百計弄明白這個富翁的父親是做什麼的，祖父是做什麼的，他們是如何出人頭地成了富翁的。旅館的人都覺得這個孩子挺可笑，一個接待，辛辛苦苦工作一月只能賺得那一點少得可憐的法郎，不用心去賺取法郎，老是好奇別人做什麼？有一天，法國最富的報業巨頭到這家旅館舉行宴請酒會，看著那豪華的燈光酒影，看著那一群群氣宇不凡的社會名流眾星捧月似地圍著那位報業巨頭，年輕的服務生巴拉昂再也沉不住氣了，他向旅館裡的同事詢問報業巨頭是怎麼發跡的，並向報業巨頭的身邊人

員打聽這位報業巨頭曾經繼承了多少遺產，他的父親和祖父原來是經營什麼的？旅館的老闆對巴拉昂十分不滿，把巴拉昂招進他的經理室譏諷說：「你打聽那些東西幹什麼？請你記住，你只是個服務生，住在那個污水四流臭氣熏天的貧民區裡，你的父親只是一個靠苦力養家糊口的下等市民，你永遠也不可能和人家大名鼎鼎的報業巨頭相提並論，人家是擁資千萬的大富翁，而你，只是一個一文不名的下等服務生！」

巴拉昂不屈服地分辯說：「可我知道，報業巨頭不是生下來就是大富翁的，他的父親只是一個街頭小商店的商店主，而他的祖父和我的父親一樣是一個貧民區的苦力工。」旅館老闆說：「可這一切又能說明什麼呢？」

巴拉昂回答說：「這說明我現在的處境並不比他差多少，或許有一天，我也可以成爲一個腰纏萬貫的報業大王的！」回到家裡，巴拉昂跟自己的父親談起自己的夢想，他的父親說：「孩子，這絕對是不可能的，你的這種想法不是夢想，它只能叫奢想或野心。」

巴拉昂說：「怎麼會不可能呢？因爲他的祖父曾和你現在一樣，只是貧民區裡的一個苦力工。我們能比他們差多少呢？」

不久，巴拉昂就堅決辭掉了旅館服務生的工作，先是到那個報業巨頭的公司做了一個送報生，然後進入報業公司的印刷廠當排版員、校對員，後來成了一名記者。

二十多年後，巴拉昂終於建起了自己的報業公司，並擁有了自己的電台和電視台，成爲了法國擁資最多的傳媒大亨。

七十六歲的時候，巴拉昂走到了自己生命的盡途，臨終前，這位出身平民的富翁把四・五億法郎的股份捐獻給了研究前列腺癌，另有一百萬法郎，他立下遺囑說：「誰如果能正確回答出窮人最缺什麼，就把這一百萬法郎獎給誰。」他把謎底鎖在他自己的保險箱裡，結果，在收到雪片似的四萬五千八百六十一封來信中，只有一位名叫蒂勒的小女孩答出了和巴拉昂鎖在保險箱裡的謎底相同的答案，那就是：窮人最缺的是野心！

這是巴拉昂由一位貧民區的窮少年奮鬥到法國媒體大亨的惟一體會和告誡：雖然你現在窮得一無所有，但富起來並不難，只要你有野心，只要你有夢想。

窮人最缺的是野心，那麼人生最缺的是什麼呢？

肯定和野心一樣，是野心的另一個代名詞，叫：夢想！

把握現在才是握住生命

蘇格拉底就要去世時，他的一群弟子們來到他的病床前，默默流淚的弟子們對他說：「過去，老師您曾給了我們不少的教誨，今天您就要走了，您能給我們迷茫的未來告誡些什麼呢？」

「過去、現在和將來？」蘇格拉底微微睜開他的眼睛自言自語了一句，然後略一沉吟，便淡淡地笑笑說：「好吧，那還是讓我給你們講個故事吧。」

蘇格拉底緩緩地說，曾經有一個哲學家，在經過希臘的一個遠古廢墟時，他累了，於是，他坐在廢墟的一塊石頭上歇息。望著這一片歷史的廢墟，哲學家禁不住感慨萬千連聲嘆息，忽然，有人說：「你感嘆什麼呢？」

哲學家四下望瞭望，卻沒有看到一絲人的蹤影。這時，那聲音又對他說：「不要張望，我就在你坐的身下。」哲學家聽了，立刻跳了起來，對著自己剛才坐的地方看了又看，只有一個幾乎被灰沙埋沒的石塊，其餘什麼也沒有。

那個聲音笑著說：「我在這兒呢，我就是這塊石頭，你把淹沒我的那些泥土扒開就能看到我了。」哲學家按照吩咐，扒開了石頭周圍的那些泥土一看，那塊石頭原來是一個神像，但令人奇怪的是，這尊神像卻有一前一後兩個面孔。正在這時，這尊神像說話了：「你看見我有兩張臉，一定感到很奇怪吧？其實，沒有什麼奇怪的，因爲我是『雙面神』。」

哲學家還是很驚奇，問那尊石像說：「你爲什麼要有兩個面孔呢？」那尊石像得意地說：「這你就不懂了，我的一張臉可以望見過去，另一張臉可以展望未來，這是多麼偉大的事情啊！」

「過去和未來？」哲學家沉思了一下問：「那麼現在呢？你能看見嗎？」石像不屑地說：「望過去，我可以回憶起許多美好的事情，展望將來，我可以幻想和憧憬將來許多美好的事情，這多好啊，而現在又只有什麼呢？」

哲學家一聽，笑了說：「現在，你的身旁綻開著一朵花，它那麼地美麗、那麼地芬芳，你能感受到嗎？」石像搖了搖頭。哲學家又說：「現在，有一縷縷清風從你的臉上輕輕地拂過，它是那麼地柔和，那麼地清爽，你能感覺得到嗎？」石像聽了，又惆悵地搖了搖頭。

哲學家惋惜地說：「現在，我身邊藏著一壺飄香的美酒，它是這麼的醇厚，它是這麼的甘美，我可以有滋有味地品嘗它，而你卻不能。回望過去，這壺美酒對你來說，不過是一杯水和穀物，遠沒有釀成一壺美酒；而展望未來，這壺美酒早已被我喝掉了，你不能看到美酒，只能看見一隻空了的酒壺，更別說一杯一杯美美地享用了。你說，只有過去和未來，而不能擁有現在有什麼可以稱道的呢？」

那尊石像一聽，頓時哭了說：「原來我只活在夢中啊，而活在夢中，一切都是虛無的，什麼也不能得到啊。」

蘇格拉底講完了，他的弟子們說：「老師，這故事讓我們明白了一個道理，只擁有過去和將來就等於沒有生命，最能體現人的生命的，只能是現在。」蘇格拉底笑了。

是啊，過去是虛無，未來是虛空，只有把握現在，才是眞正把握住了自己的生命。

暗處的眼睛更明亮

伊爾・布拉格，是美國一位黑人水手的兒子，他家境十分貧寒，全靠父親拚命奔波在大西洋各個港口賺得的微薄薪金艱難度日。在中學學習時，伊爾・布拉格就表現出了他的出色寫作天賦，他積極閱讀各種書籍，盡可能地把自己的每一篇作文寫好，剛開始時，他常常得到他的一位黑人老師的鼓勵，作文經常被老師做爲範本，在課堂上被老師抑揚頓挫地閱讀。從那時起，伊爾・布拉格便有了一個自己的夢想，那就是：長大後做一名出色的大牌記者。

但不久，伊爾・布拉格便開始遭到接二連三的毀滅性打擊，他的新老師是一個傲慢無比的白人，對有色人種充滿歧視。伊爾・布拉格寫的一篇作文，他竟指責是抄襲的，伊爾・布拉格向他辯解說：「眞的，這是我獨立完成的一篇作文，沒有參考過別人的文章，更不是抄襲的。」那位白人教師充滿譏諷地說：「這是連上帝都不會相信的事情，一個骯髒的黑腦袋，怎麼能寫出這麼優美的文字來！」伊爾・布拉格說：

「雖然我的膚色是黑的，但我的心靈一樣善良、一樣嚮往幸福和美好。」

那位老師勃然大怒，他厲聲喝斥伊爾・布拉格說：「你這貧民區的下等人，你沒有資格擁有美好、善良這些偉大的美麗辭彙，你要記住的是，所有美麗的辭彙永遠和你無緣！」

伊爾・布拉格委屈地哭了。

回到家裡，伊爾・布拉格哭泣著對母親說起了自己的遭遇和委屈，他告訴母親說，因為自己是黑人的孩子，學校組織的兒童唱詩團從不讓他參加，而在教室裡，像許多黑人孩子一樣，他們的座位總是被排在教室最暗的地方。

母親聽了，沉默了好一會兒，然後把伊爾・布拉格輕輕拉進屋子裡，她關上門，拉上所有的窗簾，然後只在一個窗子上留一道小縫，屋裡一下子變得暗極了，只有那道留下細縫的窗子裡射進來一縷金黃的陽光。然後母親拉著伊爾・布拉格走到那扇窗子前，問伊爾・布拉格說：「孩子，你透過這道細縫看外面，是不是看得更清楚一些呢？」伊爾・布拉格靜靜向外面望了好久才回答說：「是的媽媽，我現在似乎看得更清楚一些了。」他想了想不解地問媽媽說：「媽媽，這是爲什麼呢？」

「這是因爲我們站在陰暗的地方。」媽媽說。

媽媽又告訴伊爾・布拉格說，在他們的老家，那一望無際的非洲大草原上，羚羊和野馬們並不擔心那些站在陽光下的雄獅和獵豹們，因爲在太陽下太明亮，它們往往看不準它們要追捕的物件。媽媽說：「最可怕的是那些躲在樹蔭下的獵豹和雄獅，因爲在暗處，所以牠們的眼睛更敏銳看得更準確，牠們可以輕易鎖定住自己所追捕的目標，而且牠們在暗處看準的獵物，差不多都是些幼小或老弱得跑不快的，牠們幾乎能百分之百地手到擒來，而如果站在明亮的陽光下篩選目標，那結果可就差多了。」

媽媽說：「孩子，你懂得我所說的意思嗎？」伊爾・布拉格點點頭說：「媽媽，我明白了。」

長大後，伊爾・布拉格果然就像他媽媽所說的那樣，他站在社會的底層和生活的暗處細心地觀察，寫出了一批又一批令人吃驚的出色新聞作品，成爲了美國第一個獲得普立茲新聞獎的黑人記者，創造了一個美國新聞史上的奇蹟。他說：「別人稱我目光敏銳，看待事情透澈、犀利，那不是因爲別的什麼，只因爲我始終把眼睛睜開在生活的暗處！」

是的，在強烈的陽光下如果你想看得清楚些，你就必須戴上能製造陰影的茶色或黑色墨鏡；在熾烈的電光和火光下作業，你就必須戴上黑色的防護鏡。不要埋怨自己沒有生活在社會的聚光燈下，也不必抱怨自己總是站在生活的暗處，暗處的眼睛才能讓你看得更眞切些，暗處的眼睛才會讓你的人生有更多的發現。

偉大不遠，只要多想一點點

韋格納是上個世紀世界上最偉大的科學家之一，他提出了大陸板塊漂移學說，是二十世紀世界地理史上最偉大的學說。這樣嶄新又偉大的學說，是不是韋格納皓首窮經、付出了巨大的努力才取得的來之不易的成果呢？不了解韋格納的人都會這樣認爲的。但恰恰相反，大陸板塊漂移學說對韋格納來說不過是一件十分偶然的發現，在發現過程中，並沒有什麼驚天動地的事情發生過。

一九一〇年，韋格納生病了，他不得不被迫躺在醫院的病床上接受百般無聊的治療。他病房的牆壁上掛著一幅世界地圖，醒著的時候，韋格納就盯著那幅地圖來打發醫療期那些枯燥而寧靜的日子。經過天長日久的觀察，韋格納發現了一件十分有趣的事情：透過地圖來看，大西洋兩岸好像是互補的，南美大陸巴西東部凸出的部分，和大西洋彼岸的非洲大陸西海岸的赤道幾內亞、加蓬、安哥拉凹陷部分十分對應，一方是凹陷的，另一方必定是凸出的。韋格納進一步細細觀察，他發現如果不是大西洋，那麼南美大陸和非洲大陸完全可以吻合成一個天衣無縫的完整大陸。是不是這兩塊大陸過去就是一個整體，而由於地殼運動被意外地分開了呢？韋格納陷入了深思。

不久，韋格納就開始著手對南美大陸和非洲大陸上的地質、古生物進行研究，終於證實了一個令世界地理學耳目一新的理論：大陸板塊漂移學說。原本寂寂無名的韋格納也因此一躍成爲世界上大名鼎鼎的地理學家。

同樣的幸運之光也照射在斐塞司博士身上。斐塞士博士非常喜愛寵物，他家裡經常養著狗和貓。一天上午，和往常一樣博士坐在門前曬著太陽打盹，這是他的老習慣了。在他曬太陽打盹時，他的貓和狗就臥在他的腳邊，和他一起曬太陽打盹。曬了一會兒，太陽一點一點西移了，房子和樹蔭遮擋住了照在貓狗身上的陽光，貓和狗馬上爬起來，伸了一個長長的懶腰，又挪到陽光能曬到的地方，躺在陽光下又愜意地睡著了。

貓狗追著陽光睡覺打盹，這對於任何人來說都不過是司空見慣的事情，但卻引起了斐塞司博士的強烈好奇。它們爲什麼喜歡待在陽光下呢？是因爲喜歡光和熱，還是

陽光能給予它們什麼？如果光和熱能給予它們什麼有益的東西，那麼對於人體是不是同樣有益呢？

不久，日光療法就在斐塞司博士的研究下誕生了，斐塞司博士也因爲睡懶覺的貓狗而榮獲了諾貝爾醫學獎。在授獎致辭中，斐塞司博士說：「這個獎項對於我來說是個意外，我並沒有做下多少的工作，如果說我比別人多做了一點什麼的話，我只承認，自己只不過是比別人多想了那麼一點點。」

正如斐塞司博士所說的那樣，成功和偉大並非如我們所想的那樣高不可攀，有許多時候，它並不需要我們付出太多的東西，只需要我們對平常的事物有一顆不平常的心，只需要我們去多想那麼一點點。

如果一個蘋果落在你的頭上，你也能像牛頓那樣多想一點點；如果對著一幅世界地圖和躺在你腳前曬太陽的貓狗，你也能像韋格納和斐塞司一樣多想一點點……那麼，你也將有所成就。其實，偉大離我們每個人都不遙遠，只需要面對大家司空見慣的事物時，你能比別人多想一點點。

移除心中的橫欄

戲。

世界短跑名將路易士回到他的母校時，他的老師和校友們和他做了一個有趣的遊戲。

路易士和幾個校友被帶到一間屋子裡，然後用黑布蒙上他們的眼睛，他的體育老師跟別的人什麼也沒有說，只是告訴路易士說：「這是一場跨欄短跑賽，看看你被蒙上眼睛後還能跑出怎樣的速度。」

路易士問：「是否一切都如眞的跨欄比賽一模一樣？」他的體育老師說：「是的，除了蒙在眼睛上的黑布外，一切都和百米跨欄短跑賽一模一樣！」

路易士和幾個校友被蒙著眼睛帶在了起跑線上，當發令槍「砰」地一聲響過後，路易士和幾個參與遊戲競賽的選手馬上跑了起來，而當其他的選手甩開雙腿低著頭如離弦之箭拚命地向前衝刺時，路易士卻小心翼翼。他邊跑邊隨著自己的步伐嘴裡不停地念叨著什麼，在別的選手毫無顧忌地向前奔跑時，路易士卻每隔幾步就要像奔鹿似地高高躍起，像是正在跨越什麼，令觀眾感到十分地好笑。

當其他選手早就跨越終點線時，世界短跑名將路易士卻被遠遠地甩在後面。到達終點後，主持遊戲的老師要求他們不要馬上揭掉自己眼上的那塊黑布，給他們宣讀了各自的賽跑成績，當然，路易士是成績最差的。主持遊戲的老師問路易士面對如此糟糕的成績有些什麼感想？路易士不好意思地說：「我沒有想到我的校友們百米跨欄水準竟如此高超，因爲在比賽中，我沒聽到一次橫欄被撞倒的聲音。我更沒有想到自己跨欄的經驗已經如此地精確，當我在心裡暗暗數著自己的步伐，僅憑自己的感覺跨過一次次橫欄時，我也沒有撞到過一次橫欄，我爲自己的感覺和經驗而深感自豪和滿意！」

面對洋洋得意的路易士，主持遊戲的老師吩咐取下路易士和其他選手臉上緊蒙著的那一塊黑布。

取下黑布，看了一眼跑道，路易士就愣住了，因爲他剛剛跨欄的跑道上並沒有一根橫欄。老師微笑著問路易士：「現在你總該知道自己落後的原因了吧？」

路易士說：「是的，是因為你告訴我這是一場百米跨欄比賽。」

老師聽了搖搖頭說：「不，不是這樣，只是因為你的心裡有著一道一道高高的跨欄，正是這些跨欄攔住了你奔跑的腳步。」路易士邊聽邊不住地點頭，最後，他補充說：「還有一條也很重要，那就是我的百米跨欄感覺和經驗！」

老師和校友們都為路易士熱烈地鼓起掌來。

怎麼不是呢？在我們的人生中，我們所遇到的最大障礙，不是那些風雨和坎坷，而往往是經驗和常識在我們心靈上搭起的一道道橫欄，由於這些橫在心靈上的欄架，我們變得怯弱、畏懼和邁不開腳步了。

不可逾越的不是高山，而只是你心靈上的一粒塵埃。只有搬掉我們心靈上的跨欄，我們才能真正跑出自己的最佳速度。

成功只差五絲米

萊斯是一位著名的物理學家和發明家，曾研發和發明過不少的東西。在電話還沒有誕生之前，萊斯就設想發明一項傳聲裝置，這種裝置可以使身處異地的兩人自由地交談，可以更方便人們的資訊傳遞。

根據自己的假設和傳聲學原理，萊斯經過孜孜不倦的研究，用了兩年多的時間，終於研發出一種傳聲裝置。但令萊斯沮喪的是，他研發的這項傳聲裝置，只能用電流傳送音樂，卻不能用來傳遞話音，不能使身處兩地的人自由地交談。在經過無數次的改進和試驗後，萊斯的這項研發毫無進展，依舊無法傳遞話音，於是，萊斯心灰意冷地宣告自己的研究失敗了，並得出試驗結論說：「傳聲學根本無法解決兩地之間話語傳遞的問題。」

和萊斯有著同樣夢想的還有另外一位發明家，他是美國人，叫貝爾。聽到萊斯研發失敗的消息後，貝爾並沒有灰心和絕望，他詳細推敲了萊斯的傳聲裝置，在萊斯研究的基礎上不斷開始新的大膽嘗試，他把萊斯用的間斷直流電，改爲使用連續直流電，解決了傳聲裝置傳送時間短促、講話聲音多變等難題。但這些都是些微不足道的小問題，萊斯也曾這樣假設和試驗過，都沒有取得過成功，貝爾和萊斯一樣，試驗了很多次，同樣得到了令人沮喪的兩個字：失敗！

是不是眞的如萊斯所說的那樣，傳聲學根本無法解決兩地之間的話語傳遞呢？貝爾也陷入了困境。一天下午，當絞盡腦汁的貝爾束手無策地坐在試驗桌旁，面對著他已改進多次的傳聲裝置發呆時，他的手無意間碰到了傳聲裝置上的一顆螺絲釘，這是一枚毫不起眼的螺絲釘，已經有些微微生鏽的釘子頭，釘子也早已沒有了多少金屬的鋼藍色光澤，如果不是自己發呆和無聊，貝爾無論如何也注意不到這顆螺絲釘的。貝爾發現它有些鬆動，便輕輕地將這顆螺絲釘往裡擰了半圈，但僅僅這半圈，奇蹟竟出現了：世界上第一部電話機誕生了！

得知貝爾發明了電話機，萊斯馬上趕到貝爾的試驗室向貝爾表示祝賀，並向貝爾請教。貝爾向萊斯一一介紹了自己對萊斯那部傳聲裝置的改進，萊斯說：「這些我都

試驗過。」貝爾摸著那顆螺絲說：「我將它往裡轉了二分之一，竟發生了奇蹟。」萊斯怎麼也不肯相信，一顆螺絲釘多轉或少轉二分之一圈，不過只是五絲米左右微不足道的差距，它能決定了什麼呢？萊斯半信半疑地將那顆螺絲釘轉鬆了二分之一圈，奇怪的是傳聲機果然沒有了聲音，他又將那顆螺絲釘向裡轉了二分之一圈，那部傳聲裝置立刻就可以傳遞話語了。

萊斯嚇呆了，繼而淚流滿面、痛悔不迭地說：「我距成功只差五絲米啊！」五絲米，一顆普通螺絲釘的二分之一圈，大約只是半毫米，卻讓萊斯失敗了。而恰恰只因爲多擰了五絲米，貝爾成了家喻戶曉的電話發明家。

失之毫釐，差之千里。成功和失敗並非是南極和北極之間的迢迢距離，很多時候，它們就並肩站在一起，決定成敗的，往往只是你心靈的一點點傾斜。

為心靈留一座花園

在偌大的華盛頓，經營服裝和鞋襪的超市和商店有成千上萬家，但他能準確知道哪家店面的襪子最便宜，差價可能只有兩美分或一美分。在方圓數十公里內，他知道到哪家速食店用餐最適合，因爲那家速食店可以多給顧客一包餐巾紙。在華盛頓市，他知道坐公共汽車從哪一條大街走，要比走另外的街道可以節省下幾美分，甚至知道哪條街的某個地方有免費公廁，哪個報刊亭在下午五點後出售的日報和晚報降價處理。

在他三十五歲前，他購買的東西每一種都是華盛頓最便宜的，他的每一種消費都是全華盛頓最低價的，沒有人敢和他比計算，從衣服鞋襪到修容、理髮，他都是計算最周密、付出的報酬最低的。鄰居和朋友都個個自愧不如，說他有著和電腦一樣的腦袋，和外星人一樣的精明。也是全美國甚至全世界的第一計算高手，他也曾爲此而洋洋得意。他，就是過去大名鼎鼎的計算魔鬼，現在著名的美國心理學家威廉。

但是三十五歲時，他毅然拋掉了自己的精明，變得大大咧咧了起來，和從前相比簡直判若兩人。在三十五歲前，他雖說總是事事占盡了便宜，但身體卻特別的差，看醫生、吃藥、住院治療等等全纏上了他，焦慮、失眠、憂鬱是家常便飯。三十來歲，風華正茂，正是一個人生命朝氣蓬勃的黃金時期，但他卻未老先衰成了一個風燭殘年的老人。他去看一位著名的心理學專家，專家說：「這一切全都是因爲你太精明，太熱衷於計算了。雞毛蒜皮的小事把你的心給塞得滿滿的死死的，放不下一點點生活的陽光和歡樂，怎麼能健康得起來呢？」

爲了生命，三十五歲時他斷然改變了自己過去的思維習慣，不再爲節省下幾美分絞盡腦汁了，不再爲多得到一包餐巾紙勞心費神了，他讀了大量的心理學著作，改行做了一名心理醫生。在給病人提供心理治療的同時，他開始了一項別開生面的「能計算者」研究，他的研究發現，對生活利益太能計算的人，實際上都是很不幸的人，這種人心胸常被堵塞，每天只能生活在具體的事物中不能自拔，習慣看眼前而不顧長遠。這種人在生活中很難得到平衡和滿足，常常與別人鬧彆扭，分歧不斷，內心佈滿了衝突，他們常常掉在一事一物的糾纏裡，心情常常是灰色的。這樣的人心率跳動一般都較快，是疾病特別喜歡光顧的溫床。

威廉自從丟掉了自己內心那些種種計算後，他變得開朗和幸福了，身體狀況也有了明顯的改觀，在他出版的心理學專著《拔掉草，給心靈一座花園》中，他寫道：「生命不能是計算，而應該是享受，心靈裡長滿太多斤斤計較的雜草，就灑不進快樂而幸福的陽光了，拔淨心靈裡的生活雜草，你的心靈就會成爲一個幸福的生命花園……」

我們拔去了自己心靈裡的雜草了嗎？我們的心靈現在是一座生命的花園了嗎？

是的，珍貴的生命不能是計算的，而應該是一種溫馨而輕鬆的享受。

讓別人把話說完

有一次，美國著名電視節目主持人林克萊特當著幾百名觀眾的面採訪一個小男孩。這是一個十分活潑而勇敢的小男孩，他坐在電視攝影棚的觀眾席前排，當林克萊特採訪完一位熱情洋溢的觀眾剛轉過身來時，他聽到一個稚嫩的聲音說：「先生，你爲什麼總是採訪別人，能不能採訪採訪我呢？」

林克萊特邊轉過身來，他看到了一個非常漂亮而可愛的小男孩正充滿好奇和期望地望著他，林克萊特笑了，他說：「小傢伙，我正準備採訪你呢。」

「眞的？那我可就太榮幸了！」小男孩興奮得兩眼炯炯發亮。林克萊特馬上調整了一下自己的思路，微笑著問小男孩說：「小傢伙，能問一下您長大後的夢想是什麼嗎？」

「長大後的夢想嗎？」小男孩的大眼睛咕咕碌碌飛快地轉了轉，像是思索了一下，然後很快就回答說，「我想當一名飛機駕駛員！」

「飛機駕駛員？」林克萊特說，「那可是很了不起的一個夢想啊！但是，要想成爲一個出色的飛行員，也並不是十分容易的事情。」林克萊特頓了頓說：「小傢伙，如果有一天，你的飛機正好飛在太平洋的上空，但所有引擎都突然熄滅了，你會怎麼辦呢？」

小男孩又想了想說：「我會馬上告訴飛機上所有的乘客，請他們全都繫好自己的安全帶，然後我掛上降落傘就跳出去！」

現場的觀眾和林克萊特都哈哈大笑起來，他們都以爲這個小男孩是個聰明又自私的小傢伙，那麼危機的關頭，他竟能置飛機上所有乘客的安危於不顧，卻自己掛上降落傘逃走了，這是多麼一種令人所不齒的卑劣行爲啊。但童言無忌，這不過是電視節目中的一個小玩笑，這麼一點點大的小孩子，他能說出什麼正確而偉大的話來呢？按照導播的時間安排，爲了儘量不打亂節目時間計畫，大笑著的林克萊特馬上走到了另一個觀眾席去，他要去採訪一個企業家，但他剛把要採訪的問題問完，正要把麥克風遞給那個企業家時，林克萊特忽然感到有人正在焦急地在後邊拉他的衣襟，他回過

頭來一看，頓時就愣住了，原來是剛才那個接受採訪的小男孩，小傢伙似乎很難過，大大的眼睛裡湧滿了瑩瑩的淚水。林克萊特不解地說：「小傢伙，你還有什麼問題嗎？」

小男孩委屈地說：「對不起先生，我剛才的話還沒說完呢。」林克萊特把委屈滿腹的小男孩抱到一把高高的椅子上，然後把話筒遞給小男孩說：「十分對不起，小傢伙，來，請你把你想說的話說完。」小男孩拿起麥克風，望了一眼驚詫十分的觀眾們說：「我跳下去拿燃料，然後馬上就會回到飛機上的！」

攝影棚裡頓時靜極了，靜默了一會兒，當所有的觀眾都回味過來時，頓時響起了排山倒海的掌聲。林克萊特緊緊摟住那位小男孩說：「對不起，剛才我沒把你的話完全聽完，請你原諒我。小傢伙，你真是好樣的！」從那時起，林克萊特就告誡自己：聽一個人說話時，一定要聽他把要說的話說完。幾十年來，林克萊特一直堅持這樣做，他曾創下過在醫院危急病床前聽一個臨終者斷斷續續說話三十四個小時，採訪一個參加過越戰的老兵，聽他情緒激昂地連續說話、抱怨了二十八個小時等紀錄。因此，他成了很受觀眾青睞和尊重的著名節目主持人。

聽別人把話說完，這是對別人的尊重，也是對自己的尊重。只要你能聽別人把話說完，那麼這個世界便不會和你的心靈拉開距離，你就會得到許多心靈的尊重和支援，成功和幸福就離你不遠了。

自己就是聖者

二十多年前的一天，盛名全球的美孚石油公司董事長貝里奇到南非的開普敦巡視美孚石油開普敦分公司工作。在分公司的廁所裡，他看到一個體格健壯工作賣力的黑人小夥子正在滿頭大汗地擦地板。貝里奇問這個黑人小夥子：「年輕人，你今天的工作是擦地板，那麼你今後的夢想是什麼呢？」

黑人小夥子聽了，十分眞誠地回答說：「我可不願意一輩子就當清潔工，我的夢想是，能幸運地遇到一位聖者，然後懇請他爲我指點迷津，賜給我一份體面的工作，使我將來能做出一番令人羨慕的事業來。」

貝里奇一聽，笑了，他說：「小夥子，二十多年前我曾到過南非，那時，我上過南非的聖山，那時我與今天的你一樣，只是一位普通的加油工。但十分幸運，在那座聖山上，我恰恰遇到了一位聖者，他給了我指點。根據他的指點，我今天才成了美孚石油公司的董事長。據說，只要誰能有幸見到聖者，他都會前程似錦做出一番事業的。小夥子，你爲什麼不去請那位聖者給你指點一二呢？」

黑人小夥子聽了，喜出望外地說：「我明天就去找那位聖者！」

第二天，黑人小夥子天不亮就出發了，他過沼澤走草原趕到那座山腳下，然後穿密林、攀懸崖，披荊斬棘，跋涉了一個多月，歷盡了艱辛，終於站在了白雪皚皚的溫特胡克山頂峰，他在山頂苦苦尋找了幾天，也沒見到聖者。他不甘心就這樣空手而歸，從山頂下來後，他又走過一道道山脊，越過一道道幽深的溝壑，但令他失望的是，他連聖者的影子都沒有看到。黑人小夥子滿懷失望地回來了，他找到貝里奇，十分沮喪地說：「董事長先生，我已經過到聖山的山頂了，也差不多找遍了聖山的每一個角落，但除了我之外，在偌大的聖山上，我連一個人、甚至一個別人的腳印都沒有找到，更別說找到那位智者了。」

貝里奇笑了，他問：「眞的連一個人也沒有嗎？」

黑人小夥子說：「除了我自己，眞的沒有一個人。」貝里奇意味深長地笑笑說：「小夥子，你已經見到聖者了。」黑人小夥子不解地說：「聖者？除了我一個人，那山上肯定沒另一個人，我怎麼已經見過聖者了呢？」

貝里奇說：「你自己就是聖者啊！」見小夥子依然不解，貝里奇說，「那麼高又那麼險峻的雪山，有幾個人敢攀到頂端呢？你能有勇氣和毅力不畏艱險地攀上去，你不是聖者誰還能是聖者呢？小夥子，你一定能實現自己的夢想的，只要你能記住：你自己就是聖者！」

二十年過去了，如今，那個黑人小夥子果然成了美孚石油公司開普敦分公司的總經理，他的名字叫賈姆納。他深有感觸地總結自己的成功說：「一個人要想做出一番事業來，就必須記住你自己就是聖者！」

相信自己就是聖者，你就有了挑戰一切的勇氣；相信自己就是聖者，你就有了戰勝一切的自信；相信自己就是聖者，你就有了不畏艱險的堅強毅力

記住，我們自己就是聖者！

成功，不能等待

一八九六年六月二日，世界上第一台電報機誕生了。電報的誕生，給世界資訊業帶來了一場日新月異的革命，到一九二一年六月二日，當電報誕生短短二十五周年的時候，《紐約時報》對這一歷史性的發明發表了一個總結性的消息，告訴世人：因爲電報的誕生，人們每年接受的資訊量是二十五年前的五十倍。

看到這一消息後，當時有至少五十個機靈的美國人對此產生了濃厚的興趣，他們立刻想到創辦一份綜合性的文摘雜誌，遍選精華，使人們能在千頭萬緒林林總總的資訊中，更加容易和直接地看到自己迫切需要知道的資訊。這五十個人，差不多都是美國的商界精英和政界頭面人物，他們之中有百萬富翁、有出版商、有記者、律師、作家，甚至還有一位忙碌的國會議員。他們都同時從電報誕生二十五周年這個消息上得到啓迪，不約而同地相信，如果創辦一份文摘性刊物，一定會擁有很多的讀者，創辦者百分之百可以從中賺到一筆巨額的可觀利潤。在不到一個月的時間裡，他們都到銀行存了五百美金的法定資本額，並順利辦理了創辦刊物的執照。當他們拿著執照到郵政部門申請辦理有關發行的手續時，郵政部門卻一概拒絕了，郵政部門說：「從來還沒有代理過這類刊物的郵購和發行業務，如果同意代理，現在也不到時機，最快也要等到明年中期的總統大選以後。」

許多人得到這種答覆後，就決定按照郵政部門說的那樣，等到明年中後期了。甚至有幾個精明人爲了免交營業稅，馬上向管理部門遞交了暫緩營業的申請。但只有一個年輕人沒有停下來去等待，他立即回到家裡，買來紙張、剪刀和漿糊，和他的家人糊了兩千個信封，裝上了一張張的郵購訂單，然後把信送到郵局全部寄了出去。

很快，一本全新的文摘性雜誌《讀者文摘》就送到了許多讀者的手裡，而且發行量直線上升，雪片般的訂單從四面八方紛紛飛向了雜誌社。第二年中期，當郵政部門終於答應代理發行訂閱手續時，《讀者文摘》透過直接郵購早就在市場上穩穩站住了腳跟了。那些當初也曾夢想過辦這樣一份文摘性雜誌的人現在手捧著《讀者文摘》個個追悔莫及，如果自己不是坐著等時機，他們也足以辦起這樣一本風靡全美的暢銷雜誌的，但恰恰是因爲等待，他們丟失了這一個千載難逢的珍貴機遇。

而沒有等待的年輕人叫德惠特・華萊士（De Witt Wallace），他抓住機遇，出手就創造了世界出版史上的一個奇蹟，他創辦的這份《讀者文摘》出手不凡而且經久不衰，到二〇〇七年，《讀者文摘》已擁有了二十一種文字、五十二個版本，發行範圍遍佈全球五大洲逾一百二十七個國家和地區，訂戶一億多人，年收入達五億美金之多。

成敗就是這樣，當相同的機遇同時光顧許多人的時候，有的人在等待時機的成熟，而有的人卻馬上一躍而起緊緊抓住了機遇。那些從不等待的人成功了，而那些坐等機遇的人，當他們覺得時機已經成熟，準備去抓住機遇的時候，卻常常十分痛悔地發現，那些機遇早就成了別人籃子裡沉甸甸的果實了。

世界上沒有什麼成熟的時機，當你隱隱約約看見時機時，時機就應該被你立刻抓住了，時機不能等待，就是讓它成熟也應該是讓它在你的手心裡慢慢成熟，否則，你的等待，只不過是給別人創造了奪門而入的機會。

時機就是現在，成功不能等待。

盡善盡美，唯一更珍貴

在一次國際作家筆會上，一位奧地利男作家身旁坐著一位衣著簡樸、態度謙遜的女士。這是一位沉默寡言又十分小心謹慎的女士，筆會上，許多人慷慨激昂、口若懸河、言辭激烈，但只有這一位女士例外，她什麼也不說，只是入神地靜靜旁聽，聽到精彩之處，有時會會心地微微一笑，有時會專注地飛快做筆記。

坐在她身邊的這位奧地利男作家想，瞧她那模樣就知道，要麼她只是前來旁聽的文學愛好者，要麼就是一位沒什麼名氣和出色作品的女作家。

討論休息時，這位奧地利作家有些傲慢地問身旁的那位女士說：「請問小姐，您希望當專業作家嗎？」那位女士輕輕地笑笑，點了點頭。看來她真的只是一名普通文學愛好者了，奧地利的這位作家想。於是他更加傲慢了，以居高臨下的口吻說：「當一名作家可不是一件特別容易的事情，尤其是當一名專業作家，這絕不是誰想做就能做得了的。」接著，他滔滔不絕地賣弄說，做一名專業作家應該讀過多少書、應該多麼勤奮、應該需要多少非人的毅力等等，把作家說得神聖無比、高不可攀。任他怎麼說，那位女士不插一句話，只是微笑著聽他高談闊論。

看她那麼謙遜而又十分虔誠的模樣，這位奧地利作家更加傲氣十足而不可一世了，他驕傲地說：「我已經出版了五百部小說了，可以說是著作等身功成名就了，所以被再三邀請來參加這次全球作家筆會。請問小姐，您發表過小說嗎？」

那位女士羞澀地淡淡一笑說：「發表過，但很少。」奧地利男作家一聽更加得意了，又問那位女士說：「那麼，您出版過一部自己的小說了嗎？」

那位女士更加不好意思起來，羞澀地一笑說：「出版過一部。」

「哦，僅僅出版了一部嗎？」那位奧地利男作家有些不屑地問，稍稍頓了頓又問：「那麼您能告訴我您那部小說的名字嗎？」

「是的，僅僅就一部。我的那部小說叫《飄》（Gone With The Wind）。」女士很平靜地說。

「《飄》？」那位奧地利作家不禁大吃一驚，立刻變得目瞪口呆起來。

這位女作家的名字叫瑪格麗特．密契爾（Margaret Mitchell），她的一生只做了一件事情，就是創作了自己唯一的一部作品，叫《飄》。如今，這世界上沒有多少讀者不知道《飄》和瑪格麗特．密契爾的，但那位自詡爲著作等身的奧地利男作家，雖然寫了五百多部小說，但我們至今也不知道他叫什麼名字。

生命對於誰都是短暫的，誰都沒有辦法把世界上的事情去一一做完，對於上帝來說，一個人的一生或許只是上帝千千萬萬件事情中普普通通的一件，與其把我們的一生堆成沙粒一堆，還不如把自己磨亮成鑽石一顆。

一生只做一件事情，只要我們能把一件事情做得盡善盡美，也遠比把許多事情都做成一堆廢坯更能讓心靈敬仰。一粒鑽石，也永遠比一堆沙粒更加珍貴。

過程最璀璨

大衛和羅斯以前是英國倫敦一家環球公司的資深業務員，由於業務的關係，他倆幾乎一生都在奔波，幾乎世界的每一個角落裡都留下了他們的足跡。他們過去常常自豪地說：「我們眞可算得是旅行家了，世界上幾乎每個有人類生活過的地方我們都過去。」

如今，年邁的他們從工作中退下來了。生活對大衛來說，一下子變得悠閒而寂寞了，他整日無所事事，在家裡看看報紙，弄弄院子裡的花草，簡直無聊透了。而羅斯可就不同了，這個瘦瘦的、滿頭銀髮的老頭子退下來沒多久便很快成了倫敦電視台、報紙等新聞媒體爭相追逐的「老寶貝」。十幾家報刊雜誌都在爭相設立他的旅行趣聞專欄，幾家電視台也都在千方百計地邀他做「旅遊」、「風情」、「遊覽」等欄目的嘉賓，甚至有記者撰文稱他是「難得的旅行家」了。

大衛怎麼也想不明白，當初自己在公司跑業務時，業績不僅不比羅斯遜色，而且去的國家和地區絕對不比羅斯少，那麼自己爲什麼沒成旅行家，而羅斯卻成了這麼一位聲譽鵲起的旅行家呢？大衛想來想去也沒想明白，於是，大衛提筆給幾家報刊和電視台去信說：「我和羅斯是同事，我到過的地方甚至比他多，但他卻能這麼連篇累牘地寫旅遊文章或做旅遊節目的嘉賓，我想他不過是在一次次杜撰，或者是在欺騙讀者和觀眾們！」

接到大衛的信函後，報刊和電視台都很重視，爲了能立刻驗證正紅極一時的老羅斯是否在做天方夜譚式的杜撰或欺騙，倫敦的一家著名電視台決定把大衛和羅斯這兩個老頭兒一起請來，然後做一期直播節目，讓讀者和觀眾一辨眞僞。

大衛和羅斯這兩個腰身佝僂、步履蹣跚、滿頭白髮的老頭都應邀而至，當節目主持人向羅斯提出了大衛的困惑和疑問後，羅斯微笑著問大衛說：「我們兩個可能過去都去過印度的新德里，那麼大衛先生，您能告訴我您是如何去新德里和從新德里返回倫敦的嗎？」

大衛說：「這很簡單，我搭航班直接從倫敦飛往新德里。」羅斯聽了，微微一笑又問：「那麼您又如何從新德里返回倫敦呢？」

大衛不加思索地說：「還是搭航班，從新德里直飛倫敦就行了。」

羅斯說：「那麼在旅途中您看到了什麼呢？」

大衛想了又想，還是無奈地攤開手說：「白雲，噢，是白雲，除了白雲，在航班上我們還能看到什麼呢？」

羅斯不無惋惜地笑了笑說：「我可跟您不一樣大衛先生，我去印度的新德里時，是搭乘火車、搭汽車和坐輪船，我從倫敦出發，先到法國的巴黎，然後從巴黎到匈牙利、羅馬尼亞，再橫越黑海到土耳其、伊朗，又途經巴基斯坦才抵達印度的新德里的，在旅途中，我不僅領略了香榭麗舍大街的美麗和優雅，還看到了黑海的碧波和遊船，觀賞了伊朗的浩淼沙漠和阿拉伯民族的民俗風情」

羅斯接著說：「從新德里返回時，我走的是另一條路線，我從印度出發，遠航印度洋到非洲的索馬利亞，然後經紅海、埃及進入地中海，最後從德國回到倫敦，這條路線上風景更迷人了，不僅有神話般的金字塔、獅身人面像，還有一望無垠的撒哈拉大沙漠……」羅斯詳細解說著自己旅途中的所見所聞，讓大衛、節目主持人甚至觀眾們都聽得著了迷。

羅斯替大衛惋惜說：「你遠去印度，只有起點和目的地，卻沒有過程。而我呢，像撿拾一粒粒散落的珍珠一樣，從不走馬看花，而是把過程中的一切都仔細串了起來，所以當你跑遍世界卻兩手空空的時候，而我卻擁有了旅程上的一串串璀璨項鍊。我現在能撰寫那麼多風光旖旎的異域或風土人情文章，能被觀眾這麼喜愛，僅僅是因爲我沒有忽略過程。」

大衛嘆了一口氣說：「我現在明白自己爲什麼行遍世界卻不能成爲旅行家的原因了，那就是因爲我只有目的地卻丟掉了過程。過程才是豐富人生的唯一辦法，過程才是一個人的眞正財富啊！」

其實，我們的一生又何嘗不是一種過程呢？在人生的旅程上，許多人總是行色匆匆地直飛自己人生的目的地，忽視了生活的酸甜苦辣，也忽視了生命的幽深況味，當他們回首自己的一生時，他們的歲月一片空白。而一些人卻櫛風沐雨，他們蹀躞過人生幽寂的山陰小道，又橫渡過人生的滔天濁浪，他們品味過深夜裡的青燈瘦影，又體味過喧嘩人生的世態炎涼　當他們回首自己的一生時，他們仿佛就擁有了五彩繽紛的一串串晶瑩而燦爛的水晶項鍊，而那每一顆璀璨的珍珠，就是他們自己的一段歲月或一段人生。

珍惜我們人生的過程，因爲過程才使我們的生命充實和豐富，因爲過程才會使我們的人生璀璨和燦爛。

心有陸地，就永不沉淪

弗洛倫絲・查德威克是舉世著名的游泳高手。一九五〇年，弗洛倫絲・查德威克成功橫渡過了英吉利海峽，創下了女子游泳橫渡英吉利海峽的世界紀錄。

時過兩年，養精蓄銳的弗洛倫絲・查德威克決定再向自己的人生做一次挑戰；從卡德林那島遊到加利福尼亞海灘。其實，這次挑戰對於弗洛倫絲・查德威克來說早已勝券在握了，因爲從卡德林島到加利福尼亞海灘遠沒有英吉利海峽寬，而且，這裡水勢平緩波浪不大，加上經過兩年的休整，弗洛倫絲・查德威克的身體狀況也遠比兩年前橫渡英吉利海峽時更健康。

這天清晨，萬事俱備的弗洛倫絲・查德威克從卡德林那島下海了，像計畫中想像的那樣，退潮的潮汐把弗洛倫絲・查德威克推進了幾千公尺遠，這給她節省了不少的力量。水溫很適宜，碧波萬頃的海上風浪也不大，尤其是風向一直是順風，這使弗洛倫絲游起來很輕鬆。

這次的橫渡計畫得很周密。按照計畫，弗洛倫絲清晨入海時借助退潮的潮汐力量，然後在十個小時左右必須游過海界中線，在下午七點以前必須遊到距越過海界中線五海哩左右的區域中，這樣，在傍晚漲潮時，又可以憑藉潮汐的推力，使她更順利地遊上加利福尼亞的海灘。一切都如計畫的一樣，十六個小時後，弗洛倫絲已經距加利福尼亞的海灘不遠了，可以說游泳女高手弗洛倫絲已經成功在望了。

但不巧的是，海上忽然漫起茫茫大霧，那霧又低又濃，幾乎使人看不到一公尺以外的地方。泡在海水裡的弗洛倫絲甚至看不到一直伴隨著她的小橡皮艇。

「告訴我，還有多遠？」弗洛倫絲喊。

「快了，離海岸線已經不遠了。」艇上的人回答說。

「你們看到海岸線了嗎？」弗洛倫絲問。

「沒有。」橡皮艇上的人說。

「那怎麼知道我們離海岸線不遠了？」

「霧太大，我們是估計的。」

估計的？泡在海水裡的弗洛倫絲有些失望了，她竭力向前方看了看，但霧太大，什麼也看不見。

「誰知道到底還有多遠呢？」看著頭頂的茫茫霧靄，弗洛倫絲有些沮喪地想。又游了一會兒，弗洛倫絲感到累極了，兩腿發酸發脹，胳膊也抬不起來了。她感覺自己已經沒有了力氣，就要被淹死在這大霧之下的茫茫大海裡了。

「把我拖上皮艇」她朝橡皮艇上的人求救說。

「聽著，弗洛倫絲，或許離海岸線不到一英里了，再堅持一會兒就成功了。」

「你們看到陸地了嗎？」弗洛倫絲問。

「沒有，因爲霧太大。」橡皮艇上的人說。

「誰知道還有多遠呢？快，把我拖上去，我不行了。」弗洛倫絲懇求說。

「堅持，再堅持一會兒吧！」艇上的人苦苦勸她。

「眞的，我不行了，快拖我上去吧。」弗洛倫絲幾乎就要哭出聲來了。怎麼勸她都不行，橡皮艇上的人無奈只好把弗洛倫絲從海水中拖了出來。

但橡皮艇又前進了二十多分鐘後大家就個個後悔不已，弗洛倫絲更是後悔得淚流滿面，因爲，僅僅前行了二十分鐘，橡皮艇已經靠岸了。

「僅僅需要再堅持一點點啊！」大家都替弗洛倫絲惋惜不已。更惋惜的當然是弗洛倫絲本人，如果不是那海上的大霧，如果能看見海岸線，那麼自己肯定能堅持游過來的，是大霧迷失了自己的信心，喪失了信心，也就喪失了力量啊。

兩個月後，不甘失敗的弗洛倫又重新游了一次，這次，她很輕鬆就從卡德林那島游到了加利福尼亞海灘上。當別人問她爲什麼上次失敗時，她說：「是那場濃霧迷失掉了我的信心。」

「那麼這次爲什麼成功得這麼輕鬆呢？」人們又問她。

弗洛倫絲說：「因爲這次沒有霧，越來越近的加利福尼亞海岸線給了我充分的信心。」

一場濃霧讓離成功僅一步之遙的弗洛倫絲嘗試到了失敗。

那麼，面對人生中的濃濃大霧，我們是退卻還是咬牙堅持呢？那就看你心中是否有塊陸地了。

心有陸地，什麼樣的大海都不會讓我們沉淪的，什麼樣的濃霧都不能讓我們迷失的。

只要你心中藏著一塊眞切的陸地！

NNOR

卷四

入生，不隨便打草稿

生命沒有實習期，也不會有草稿。你今天生活的草稿，就是永遠無法重新更改的一張答案卷。

撬起世界的支點

在聞名世界的威斯特敏斯特大教堂地下室的墓碑林中，有著一塊揚名世界的墓碑。

其實，這只是一塊十分普通的墓碑，粗糙的花崗石質地，造型也很一般，與周圍那些質地上乘、做工優良的亨利三世到喬治二世等二十多位英國前國王墓碑以及牛頓、達爾文、狄更斯等名人的墓碑比較起來，它更是微不足道不值得一提的一塊十分普通的墓碑。並且它只是一個無名氏的墓碑，沒有姓名，沒有生卒年月，甚至它連墓主的一個介紹文字也沒有。

但就是這樣一塊墓碑，卻是名揚全球的一個著名墓碑，每一個到過威斯敏斯特大教堂的人，可以不去拜謁那些曾經顯赫一世的英國前國王們，可以不去拜謁那些諸如狄更斯和達爾文等世界名人們，但他們卻沒有人不來拜謁這一個普通的墓碑，他們都被這個墓碑深深震憾著，準確些說，他們都被這塊墓碑上的碑文深深震憾著。

在這塊墓碑上，刻著這樣的話：

當我年輕的時候，我的想像力從沒有受過限制，我夢想改變這個世界。

當我成熟以後，我發現我不能夠改變這個世界，我將目光縮短了些，決定只改變我的國家。

當我進入暮年以後，我發現我不能夠改變這個國家，我的最後願望僅僅是改變一下我的家庭。但是，這也不可能。

當我現在躺在床上，行將就木時，我突然意識到：如果已開始我僅僅是去改變自己，然後作爲一個榜樣，我可能改變我的家庭；在家人的鼓勵和幫助下，我可能爲國家做一些事情。

然後，誰知道呢？我甚至可能改變這個世界。

據說，許多世界政要和名人看到這篇碑文時都感慨不已，有人說這是一篇人生的教義，有人說這是一章生命力學的論文，還有人說這是靈魂的一種自省。當年輕的曼德拉看到這篇碑文時，他頓然有醍醐灌頂之感，聲稱自己從中找到了改變南非甚至整個世界的金鑰匙。回到南非後，這個志向遠大，原本贊同以暴抗暴抵抗種族歧視鴻溝的黑人青年，一下子改變了自己的思想和處世風格，他從改變自己、改變自己的家庭和親朋好友著手，歷經幾十年，終於改變了他的國家。

眞的，要想撬起世界，它的最佳支點不是整個地球，不是一個國家，一個民族，也不是別人，它的最佳支點只能是自己的心靈。

要想改變世界，你必須從改變你自己開始。要想撬起世界，你必須把支點選在自己的心靈上。

堅守自己的高貴

一個美術大師帶了一批徒弟，徒弟們就要畢業的時候，大師說：「現在，我要讓你們知道，什麼才是眞正的藝術家。」

大師領著他的徒弟們來到一個鄉村裡，大師把自己在大賽上曾獲得過全國金獎的一幅得意之作掛出來，這是一幅工筆作品，叫《鄉村女人》，畫面上的鄉村女人，雖說素面朝天穿著十分簡樸，但仍然飄溢著一種令人心動的神韻。大師又拿出一把畫筆，對湧到畫前的人們說：「誰如果認爲這幅畫有哪裡畫得不成功，歡迎他上來一試身手進行塗改。」

一個大手大腳的男人站了出來，他不滿地說：「女人要下田幹活、洗衣、做飯、帶孩子，她的手指那麼細怎麼行？」他拿起一支畫筆把畫上那個女人的纖纖玉指又描粗實了不少。這個男人剛畫完，一個老頭就站了出來，老頭不滿地說：「她的腰太細了，這樣細的腰，只有城裡的女孩子才有，鄉下女人的腰這麼細怎麼能行呢？」這個老頭上來把畫上女人的腰又放大了尺寸。

老頭還沒畫完，一位婦女又站了出來，嚷嚷著說：「她的臉太白了，我們鄉下女人，整天風吹日曬的，臉怎麼能那麼嫩呢？」這個婦女立刻抓起筆，將畫上女人的臉盤塗得又灰又紅。接著，一位老太太也站了出來說：「這個女人的頭髮太黑又太長了，我在咱鄉下生活了快一輩子，怎麼能不瞭解咱們鄉下的女人？整天爲熬日子發愁，風裡來雨裡去的，頭髮都是又枯又黃，再說，留那麼長的頭髮，下田幹活都礙事，瘋子才會留那麼長呢。」老太走到畫前抓起畫筆，就像操起一把鋒利的剪刀，嚓嚓嚓就把畫上女人的長髮裁短了，然後又在那逢亂的頭髮上畫上幾筆說：「這是草葉和麥秸。鄉下女人，誰不是頭髮上常常粘惹些草葉和麥秸呢？」

老太太剛剛滿意地丟掉畫筆，一個村莊裡開雜貨店的店主不滿地上來了，他說：「鄉下女人怎麼會戴玉鐲呢？不值錢又容易碎，金鐲子才是我們鄉下女人心愛的尤物！」他拿起畫筆，將畫上女人手腕上的玉鐲塗成了金光閃閃的金鐲，並且在女人的耳朵下畫了兩個大大的金耳墜。

一個私人診所的醫生把畫上女人的腳塗改了，他說：「畫上這女人的腳看上去那麼軟，像沒骨頭似的，這實在太不符合實際嘛，看看咱村裡女人們的腳，哪一個不是又瘦又大的？」他把畫上女的腳塗得又瘦又大，並且還畫上了兩個黑黑的雞眼才滿意地丟掉了畫筆。最後走上來的是一位鄉村小學美術老師，他站在畫前端詳了半天說：「鄉下的女人沒讀過多少書，胸裡沒多少墨，哪會有這種仕女一樣的神態啊？不行不行，這神態一點也不像。」他拿起畫筆，把畫上女人嘴角的那一抹淡淡的微笑抹掉了，然後又塗改了畫上女人那略帶憂鬱又略含羞澀的眼神，使畫上的女人顯得神態呆滯面無表情，他才滿意地說：「這才是鄉下女人嘛。」

半天的功夫，大師的那幅得意之作早就變得面目全非了。大師指著被塗改得亂七八糟的那幅畫對自己的徒弟們說：「你們現在終於明白了什麼是藝術，什麼才是藝術家了吧？」徒弟們看著那幅被改得俗不可耐、一文不值的作品，神情凝重地點了點頭。

大師說：「一個人太媚俗，他就成為不了藝術家，一幅作品太媚俗，這幅作品就會一文不值。」大師頓了頓說：「一個眞正的藝術家，絕對不能被世俗所左右，必須時刻堅守你自己的高貴！」

堅守自己的高貴，你才不會被世俗所淹沒；堅守你的高貴，你才不會被生活所塗改；堅守你的高貴，你才會有自己的出色和成功

期望自己的生命出眾，就不能讓自己的心靈媚俗，你就必須堅守自己的高貴。

人生，不能隨便打草稿

一個年輕人去拜一個丹青名家爲師，立志要當一個畫家。

年輕人是個十分節儉的人，學畫時捨不得用上乘的宣紙，他用的全是一些廢紙，有的是別人已用過的紙的背面，有的是已經染上了黃漬別人丟棄不要的，甚至還有許多是幾年前的廢舊報紙。朋友勸他說：「練習畫畫，要用好紙才行。」他笑笑說：「我這只不過是練習，是打草稿，用好紙太浪費了。」

練習了幾年，他的畫一直沒有多大的進步，他十分苦惱，對他的老師說：「老師，我覺得我跟您學畫挺勤奮的，別人一天畫一兩幅，我卻畫了七八幅，別人很早就睡覺了，但我每天都堅持練到了深夜，我畫的草稿，現在一車都運不完，爲什麼我這麼勤奮、這麼刻苦，卻總是沒有多大的進步呢？」老師翻看翻看他在廢紙上畫的一遝遝草稿，沉吟了半天說：「從明天起，你不要再用這些廢紙打稿了，你買些最貴也最好的宣紙試一試吧。」

他想不明白，自己畫技沒有進步，跟打稿的稿紙有什麼關係呢？難道給一個沒練習過繪畫的人一遝好紙，他就能創作出一幅上乘的作品，給一個美術大師一張廢紙，大師就畫不出一幅好作品來了嗎？想不明白歸想不明白，他還是按照老師的吩咐，從第二天起，就買來了一遝又貴又好的上乘宣紙，開始在好紙上一筆一畫地練習了起來。

練了半年，他的畫技奇蹟般地明顯進步了，朋友們都很驚奇，問他為什麼以前練了那麼多年卻進步很小，如今，不過是短短半年的功夫，他的畫技卻提高得如此之快呢。他想了想說，過去練習繪畫時，我用的全是別人丟棄不要的廢紙。每當我拿起畫筆面對稿紙的時候，我都這樣想：這都是些別人丟棄不要的廢紙，我只不過是在一張張廢紙上打稿而已，一張畫不好，就扔掉在另一張上畫，反正是打稿，這些廢紙多得是，所以每次沒有構思好，我就匆忙下筆了。但現在不同了，當我面對一張張潔白無瑕又價格昂貴的上乘宣紙時，我的心總在提醒自己：這都是些上乘的好紙，都價值不菲來之不易啊！所以當我提筆要在上面畫畫時，我都是慎之又慎，生怕畫出一筆敗筆

來，一筆一劃我都是運籌了好久，思索了好久才敢動筆畫上去的。用心去練，怎麼會沒有進步呢？

朋友們一聽，頓時都陷入了沉思。

難道不是嗎？我們都很不經意平常的日子，只把它們視爲我們人生的一頁頁廢紙和舊紙，塗壞一張就塗壞一張吧，一點兒也不心疼，總以爲來日方長，這樣的舊紙廢紙還多得是，不能以認眞、務實的心靈去對待每一天，使許多珍貴的歲月都不聲不響地白白溜走了。

生命沒有實習期，生命也從來不會有草稿，你今天生活的草稿，就是你永遠無法能夠重新更改的一張生命的答案卷。

珍惜我們生活的每一天，因爲生命從來就不能給予我們一次打草稿的機會。

人生就是冒險

喬治住在美國內陸的一個城市裡，他是一個十分平庸的人，他在一家汽車製造廠工作，幾十年來，他謹記父親的教誨，不炒股票，不做期貨，就連彩券他也從不購買一張，他很推崇父親的話。那就是：除了按步就班的生活，一切都是危險的。

三十六歲的那年冬天，喬治第一次離開老家到異地度假，他選擇了夏威夷，因爲活了三十多年了，他還沒有眞正見到過大海，他想到海邊去走走，並親口嘗一嘗海水的味道。在夏威夷的海岸邊，喬治終於見到了大海，那是一個狂風呼嘯的陰晦天氣，深黑的海水翻卷著濁浪，雪白的浪濤拍擊著海岸的岩石，把海岸拍擊得轟轟直響，就像鋪天蓋地的雷鳴聲，喬治十分驚恐，他沒想到大海竟是如此的猙獰。

就在喬治要離開大海返回旅館的時候，他遇到了一個熱情的老漁夫。老漁夫說：「小夥子，我觀察你的樣子可能是第一次見到大海吧？」喬治老老實實地回答說：「是的，這是我第一次見到大海。」

老漁夫說：「我的小船就泊在前邊不遠的岸邊，我也正要下海去，如果你樂意，可以搭我的小船到海上去看看。」到海上去？就在這樣的鬼天氣裡？喬治慌忙謝絕說：「不，這太危險了。」

「危險？」老漁夫說：「我們常常在這樣的天氣裡下海，哪有什麼危險呢？」喬治才不相信老漁夫的話呢，他問老漁夫說：「難道你們在海上沒有發生過事故嗎？」老漁夫笑笑說，「當然發生過，我的哥哥就是因沉船事故在海上溺水身亡的。噢，還有我的父親，他簡直是一個偉大的冒險家，他曾想劃著一個獨木舟去走遍世界呢，但他不幸觸了礁。」喬治問：「還有嗎？」老漁夫哈哈笑笑說：「當然有，我的伯父，我的祖父，還有許多人，他們都是葬身在大海裡的人。」

喬治非常吃驚地問：「那你爲什麼還要做漁夫呢？爲什麼不遠離大海做些其他什麼的工作呢？在海上生活太冒險了！」

「冒險嗎？」老漁夫看了一眼喬治，「能告訴我您的父親死在什麼地方嗎？」喬治說，他死在我家的床上。老漁夫又問：「你的伯父呢？」喬治說：「也死在床上。」

老漁夫頓了頓又問：「那麼您的祖父呢？」喬治說：「和我的父親、伯父一樣，他也死在床上。」老漁夫問喬治說：「小夥子，那麼您現在還在床上睡覺嗎？」喬治不解地說：「怎麼不在床上睡呢？」老漁夫搖搖頭說：「你的那麼多親人都死在了床上，你怎麼還要在床上睡覺呢？那眞是太危險了。」

床上也危險？喬治大吃一驚。

從夏威夷回來後，喬治就像變了一個人，他開始炒股票、做生意、開公司，沒幾年，他就成了一個腰纏萬貫的富翁。喬治說：「連床也危險，人生沒有什麼安全的港灣，人生就是冒險！」

人生怎麼不是一種冒險呢？與其在種種危險前縮手縮腳墨守成規，還不如放開手腳去大膽冒險，絕處才能逢生，冒險才會給你帶來成功的機會。

無限風光在險峰，敢於冒險，你才能夠看到人生的一幅幅不同樣子的風景。

僅一粒沙，就能絆倒你

一個前攀岩冠軍在一次參加攀岩比賽時，負責比賽的裁判提醒他和其他參賽的選手們說：「請大家檢查一下自己的鞋子，看看裡面是不是有沙子。」

許多選手聽到這個善意的提醒後，紛紛脫掉自己的鞋子，認真地將鞋子倒了又倒。只有這位前冠軍運動員置若罔聞，根本不予理睬。其實，他已經感到自己的鞋子裡面有一粒沙子了，那是一粒很小的沙子，就在他的大拇腳趾下，已經微微地硌到了他的腳趾，癢癢的，卻一點兒也沒有令他不適和疼痛的感覺。當別的運動員在認真地檢查鞋子時，他看著他們，心裡感到十分地好笑：那麼高的一座山，一粒沙子能影響什麼呢？比賽需要的是技巧和耐力，這和鞋裡的一粒沙子有什麼關係呢？他也認識這次來和他一起參賽的許多運動員，他與他們較量已經不止一次、兩次了，他們許多人根本不是自己的對手，耐力那麼差，又缺乏靈活和技巧，每次比賽，自己總是遠遠地把他們甩在自己的身後，別說自己鞋子裡只有一粒沙子，就是有十粒，那又有多大的影響呢？又怎麼能阻撓自己去摘取冠軍的金牌呢？

比賽如期開始了，在裁判員一聲響亮的發令槍響後，運動員們頓如脫韁的野馬，騰、挪、飛、躍，爭先恐後地向山崖的頂端奮力爬去。他憑著自己的嫻熟技術和過人臂力，很快就從佇列中脫穎而出，搶在了運動隊列的第一名，可攀了不到一百公尺遠，他就感到自己的腳椎心的疼痛起來，那粒沙子就像一顆鋒利的牙齒，他每動一下，它就狠狠地咬一口他的腳趾，讓他的那隻腳不敢用力。這明顯影響了他的速度和敏捷，他踮著那隻腳，就像一隻瘸了腿的羚羊，只能靠一條腿在懸崖上前進了。

一個運動員超過了他。

又一個運動員超過了他。

所有的運動員都先後超過了他。他知道，如果不是鞋子裡那粒可惡的沙子，那麼，那些人根本不可能追上自己，更別說把自己甩在他們的身後了。

比賽結束了，雖然他也咬著牙爬到了山峰的頂端，但他是最後一個爬上的。他傷心地脫掉鞋子，痛恨地在已經血肉模糊的鞋子裡尋找那粒沙子。那是一粒只有針尖

大小的沙子，黑黑的，根本不起眼，誰也不會相信，這麼微若塵粒的一粒沙子，能夠影響一個運動員的成績，但他知道，就是這一粒沙子，使他丟失了一次摘取金牌的機會；就是這一粒沙子，讓自己在競賽時出人意料地喪失了技巧和能力；就是這粒輕得像羽毛似的沙子，沉重得使自己喪失了再一次走上冠軍獎台的機會。

因爲一粒沙子，他丟失了一塊金牌。

倒出我們鞋中的哪怕一粒沙子，記住，絆倒我們的往往不是高山，而常常只是我們鞋子裡的一粒沙子。

逆風揚帆

一群年輕水手，他們的船要經過一段風高浪急的險灘。這是一段險象環生的險灘，落差大，水流急，而且河道狹窄，陡灣和暗礁密布，曾經有許多船隻都在這裡被撞得船毀人亡。

這群年輕水手沒有辦法，在人們的指點下，他們去拜訪一位經驗豐富的老船手。老船手在這段險灘上駕船來來往往了大半輩子，對險灘上的每個陡灣和暗礁都了若指掌。但老船手說：「這些都不足爲慮，最令人害怕的是，在水勢湍急時，如何能讓自己飛駛的船速慢下來，這樣在掌舵時就有了迴旋的餘地，船就可以避免觸礁觸崖了。」這群年輕船手還是很擔心，那個老船手自信地笑笑說：「怕什麼呢，我掌舵送你們渡過這段險灘去，這段險灘行船，我的經驗太豐富了，憑我的經驗，幫你們渡過險灘，那是萬無一失的！」

於是，年輕船手們興高彩烈地簇擁著老船手登上了他們的船。

船近險灘時，老船手吩咐年輕船手們說：「起帆！」一個年輕船手說：「這個時候怎麼能起帆呢？」老船手一揮手說：「這個你就不懂了，在這段險灘，船順江而下時常常是逆風，逆風時起帆，就是水流再急，鼓滿風的帆也會讓船減速許多，這樣我們的船速就緩下來了。」年輕選手立刻揚起手帕試試風向說：「但現在是順風，風在向下游刮去，如果起帆，那我們不是更危險了嗎？」

老船手一聽，立刻不滿地喝斥說：「我有經驗還是你有經驗啊？我在這險灘上來往了快一輩子了，哪裡輪得上你說三道四指手畫腳呢！」其他船手也紛紛指責那位年輕船手說：「人家有積累了半輩子的經驗，你懂什麼呢？聽人家老船手的，保證咱們平安！」於是，在就要駛入險灘時，船上的帆掛起來了，老船手滿意地說：「別看剛才是順風，等船一駛進險灘風向馬上就變了，多少年了都是這樣的。」

但船剛駛進險灘，他們就明白起帆是多大的失誤了，湍急的水勢，加上猛烈的呼嘯順河風，一下子就把船變成了一匹脫韁的野馬，眨眼的功夫就把船給裹進了滾滾翻騰的漩渦去，根本來不及收帆，這條船就撞在了第一道江灣的懸崖上，立刻被撞得支離破碎成了一堆碎木板。

僥倖逃生的老船手痛哭流涕地坐在河岸上，他想不明白自己那豐富的經驗爲何竟讓這條船一下子就船毀人亡了！

其實，對人生來說，經驗確實是筆珍貴的財富，但是，一個人只是堅守自己的經驗，對事情的起伏變化和他人的勸告視而不見，只是一味地憑經驗辦事，那麼他非但不能成功，反而可能使自己陷入更深的危機。在人生的跋涉旅程上，導致我們自己失敗的原因常常有兩種，一種是經驗不足，而另一種則是過於相信自己那些所謂的經驗。

經驗，只有當你擁有它，並能靈活運用它的時候，它才能夠成爲你人生的一筆寶貴的財富。

豐富生命給的盛宴

一個美國商人到非洲去尋找商機，他遊歷了非洲的許多地方，也拜會了非洲許多的公司和工廠，但都沒有找到十分滿意的一筆生意。

一天，商人到了一個十分偏僻的村落，見到一種木雕工藝品，那木雕古樸、大氣，又匠心獨具，很有非洲那粗獷、神秘的特色，商人一見頓時愛不釋手，打聽了一下價格又十分地便宜，商人頓時欣喜若狂，如果能購買到大批量的木雕工藝品，運回美國去，轉手就可以賺一筆啊。於是，商人馬上找到這種木雕工藝品的雕刻師傅，一位又老又窮的老頭，他正坐在樹下跟一群人練習草編。商人對老頭說：「你的木雕工藝品很好，我想和你談一筆生意。」

老頭看了看商人，笑笑問：「那幾件您全都要買嗎？」商人點了點頭，又很快搖了搖頭說：「不，僅這幾件太少了，我要買更多的木雕，希望能長期和您做這筆生意。」

「更多的?」老頭笑笑說:「可是就剩這麼幾件了。」商人說:「你可以再做呀。如果你一個人做得太慢,你可以招一批人跟著你做,甚至可以辦一個木雕工藝品廠或公司,大量地製作。」

老頭很疑惑地問:「就做這幾種木雕嗎?」

商人說是的,就做這幾種就行了。

老人說:「可是我正在練習做草編呢。」商人問,「是不是做草編比木雕更賺錢呢?」老頭笑了說:「就我這草編製品,別說賺錢了,只要不被別人看了笑話就行了。」商人不解地說:「既然草編不能賺到錢,那您幹嘛要練習草編呢?爲什麼不多製作一些您拿手的木雕工藝品呢?」

老頭說:「做那麼多木雕幹什麼?老重複一樣工作,乏味死了。」商人說:「可是那樣做您會賺到許多許多錢的。」

老頭搖了搖頭說:「那太沒意思了,一個人怎麼能曠日持久地重複一樣工作呢?一輩子就在一件事上打轉轉,那麼活著和生活還有什麼意義呢?」

商人當然沒能說動老頭和自己合作，沒能和那位老人談成一筆生意。相反，商人卻被那個非洲老頭打動了。回到美國後，商人放棄了一筆又一筆他十分得心應手的生意，他先到一所學校當了兩年多教師，後來又做了幾年一家慈善機構的募款員，然後，又徒步周遊世界，創作了大量介紹世界各地風俗民情的文章，成了報紙專欄作家。這個人叫哈溫・斯曼，是美國《國家地理》雜誌最受歡迎的風情專欄文章作者，也是美國最受青睞的一位散文作家。

在一篇文章裡，哈溫・斯曼說：「我們不能因爲沉醉於一朵花而丟掉了整個春天，我們不能因爲沉迷於一件事情而消耗掉自己一生的時光，不停地讓自己豐富，那才是讓生命幸福而歡樂的唯一方法。」

但又有多少人能眞正認識到這種人生的眞諦呢？我們只是把自己牢牢系在一個生活的木樁上，重複啃食著自己腳下的那一圈青草，生命的盛宴我們僅僅能嘗到自己身邊單調的一小片兒。

豐富自己的生命，這才是讓我們的心靈充實而豐盈的唯一捷徑。

優秀的習慣，帶領出成功

猶太的一家社會研究機構曾經邀請了二十名猶太裔富翁和二十名猶太裔窮人，給他們每人一支筆一張紙，要求他們認眞思考後寫出一條自己生活中最重要的習慣。很快，四十個人每人都列出了自己生活中最突出的一個習慣。經過整理，二十位富人的突出習慣是：

一、勤奮
二、節儉
三、馬上就做
四、不怕失敗
五、樂於思考

其中，勤奮和節儉是公認最多的兩個習慣，「馬上就做」排名第二，「不怕失敗」和「樂於思考」緊隨其後。

而二十個貧困者列出的自己生活突出習慣是：

一、等待機會

二、滿足

三、害怕失敗

四、悠閒

五、不把自己逼得太苦

六、從不想那麼多

其中，有六人都把「等待機會」作爲自己生活的突出習慣，而五人都列了「滿足」，「害怕失敗」排位第三。

調查結束後，研究者很快就公佈了這兩種不同的答案和結果，並總結說：「一個人的富裕和貧窮，是由個人的生活習慣決定的，優良的習慣造就了富翁，而錯誤的習慣，則誕生了貧窮。」

難道不是嗎？

勤奮和節儉的結果，是收穫和積累；「不怕失敗」和「馬上就做」是一種勇氣信心和對機遇的把握。而「等待機會」從來都是一種對生命的空耗，「滿足」則是一種心靈的停滯，「害怕失敗」更是一種信心和勇氣的貧乏。

優秀的習慣是一台成功的發動機，不良的習慣則是成功路上的一根絆馬索。

丟掉自己生活中的一些壞習慣，這是一個人使自己「富」起來的最根本方法。

人生拼圖背後的規律

美術課上，一位老師將幾件世界傳世名畫撕成了一堆碎屑，他把這堆碎屑交給他的學生們，要求他們根據每個畫家的不同風格從這堆碎屑中分別找出每張原作的碎屑，然後重新拼成那幾幅原畫。他希望籍此考驗自己的學生對名畫名家的鑑別能力。

把那一大堆碎紙屑交給學生們後，這個美術老師有些後悔，五六張名畫，撕成那麼碎、那麼雜、那麼大的一大堆紙屑，重新拼圖實在是不容易的事。是不是自己太爲難自己的這些學生了？是不是這項任務有些太難太複雜了？美術老師心裡一直忐忑不安。他想，這對於美術學院畢業的那些才子來說都不是一件很容易的事情，何況自己的學生還只是一群十幾歲的孩子呢？

碎紙屑交給學生們後，他在教室裡踱了兩圈，然後就踱到操場上去了，他實在不想面對那些天眞的臉上過早流露出的畏難表情。他在操場上踱了很久，他思忖孩子們要完成這複雜的拼圖，一定需要很長的時間。

離下課只剩五分鐘時，他才重新推開了教室的門。令這位老師大吃一驚的是，他的學生們早已把那幾幅名畫全部拼好了。他實在不敢相信自己的學生有這麼出色的鑒別和拼圖能力，站在那幾幅已拼好的圖前他認眞地一一審視，更讓他感到不可思議的是，孩子們的拼圖完成得天衣無縫，沒有一絲一毫的錯誤。

他有些懷疑地望著孩子們，他想孩子們只是簡單地見過幾次這些名畫，名畫的線條、色彩、構圖、意蘊，以及每個畫家和每幅畫的特點等等，這些孩子都不一定會懂，那麼他們是如何這麼快又這麼準確地完成如此複雜的名畫拼圖呢？他問一個喜愛美術的男孩子：「你們是如何拼圖的呢？」

那個男孩子笑笑說：「這些名畫拼起圖來肯定很難，但老師您忽略了，這些名畫的背後都是一個花朵圖案，有桃花的、有梅花的、還有荷花的，我們都是依據名畫背後的那些花朵拼圖的，這就十分容易了。」

他恍然大悟地笑了，是啊，自己怎麼就沒有想到從這些名畫的背後找捷徑和規律呢？

同樣，在許多成功的人生傑作拼圖上，我們往往只是尋找那些傑出者們的天賦、環境和優勢，但我們常常忽略了他們成功拼圖背後那些最簡單、最明瞭的內容，那就是他們每個人所共有的努力和勤奮。

從容面對生命

藥鋪有個小徒弟，師傅讓他先學著焙製草藥。秋天時，藥鋪後邊山坡上的野菊花綻開了，師傅說：「菊花朵兒是上等的瀉火良藥，沒綻開的蕾朵不行，綻開過了頭的藥效也不好，最上等的是盛開了的，但又沒有枯萎之態的，這種菊花不但療效好，而且色香味俱全。」師傅吩咐小徒弟說：「這些天你就別待在鋪子裡了，每天到山上採菊花去。」

按照師傅吩咐，小徒弟每天清晨都早早起床，提著籃子到後面的山坡上採菊花。剛開始時他挺興奮，不用待在滿屋異味的藥鋪子裡，到秋果飄香的山坡上采菊花，又能聽鳥鳴，又能嘗山果，還能盡心盡意地玩耍，這多好啊。但沒幾天他就煩了，師傅天天讓他採滿滿兩大籃菊花，可這滿山遍野的菊花開了採、採了開，老也採不盡摘不完，弄得自己連玩耍的時間都沒有，一天天的好時光全用在這採摘菊花上了。他把自己的不滿說給藥鋪的另一位徒弟，那位徒弟一聽就笑他傻說：「你眞笨，你不會明天

起床早一點，明晚回來得遲一點，把那些後天要開的花全摘掉，那麼後天開的花就少多了，你後天就能輕輕鬆鬆玩耍了。」

小徒弟一聽，眼睛一亮說：「這主意眞不錯，我怎麼就沒想到這個辦法呢。」第二天，他果然在山上直采到日暮西山時分，不僅將那些正盛開的菊花全採了，而且將那些欲開未開，剛剛開始綻蕾的菊花也採了下來。借著銀色的星輝下山時他想：明天肯定可以輕輕鬆鬆玩一天了，因爲山坡上不會再有那麼多盛開的野菊啦。

但第二天他提著籃子到山上一看就愣住了，山坡上一片一片的，還是盛開著那麼多一叢一叢臘黃臘黃的黃雲似的野菊花。

夜裡，當他沮喪地挑著滿滿兩籃野菊花回到藥鋪時，師傅邊笑著邊撿著籃裡的野菊花問：「今天山上的菊花並沒有因爲你昨天的努力而盛開的少一些吧？」小徒弟漲紅著臉點了點頭。師傅微笑著說：「記住，不論你今天怎麼努力，但明天要開的菊花還是一樣要綻開的，世界上許多事都不是我們誰能夠隨便提前的，像一滴水在河裡，它急躁地跳起來成爲一朵浪花，但一閃就又落在從容的河流裡，並沒有比誰流快了一步啊。」

徒弟一聽羞赧了。是啊，沒有誰能讓今天的夜幕遲一點撒落，也沒有誰能讓明天的太陽早一點升起來，從從容容地面對時光和生活，從從容容、不疾不徐地面對自己的生命，這才是我們一生和生活的眞諦。

生活就在今天，生活就是現在，這才是我們人生最眞實、最樸素的態度。

讓自己成為鑽石

一個商人的兒子，總是跟父親抱怨說：「我一點兒也不比別人差，但爲什麼他們都有那麼好的機遇，而我卻沒有呢？」

父親嘆了一口氣說：「你總是讓自己與你的那群夥伴和朋友們一樣，那怎麼行呢？想讓機遇來找你，你必須得比別人多點什麼吧？」看看兒子聽不明白，父親從自己的珠寶箱裡取出一粒熠熠閃光的石粒說：「這是一粒鑽石，也是一粒石粒，你想要它嗎？」

商人的兒子兩眼一亮說：「我怎麼會不要它呢？傻瓜才會不想要它，因爲它是鑽石。」商人把兒子帶到一堆沙石旁，商人撿起一枚石粒說：「這是一粒砂石，我現在把它丟進這沙石堆中，你能很快找到它嗎？」商人說著，就將那粒砂粒丟到了砂石堆中，並掂起腳尖輕輕地將沙石攪了攪。

商人的兒子撿到了一個小木棍，仔細地將那堆沙石翻過來，又攪過去，累得額頭冒汗，但找了半天，還是沒有找到。商人笑笑，從口袋掏出那粒鑽石說：「現在，我將這枚鑽石也丟到這堆沙石中，看你是否能夠很快找到。」商人說著，就將那枚鑽石丟到了沙石中，然後拿了把鏟子嚓嚓地將那堆沙石翻了又翻，攪了又攪。

商人的兒子又蹲下身子，用小木棍翻著，在那堆沙石裡尋找父親丟下的鑽石，但不久他就高興地找到了。

商人笑著問兒子說：「那個石粒你爲何半天都找不到，而鑽石你卻很快就找到了？」商人的兒子說：「普通沙石跟其他沙石沒有什麼不同，所以很難找到，而鑽石就不一樣了，它晶瑩剔透，又閃爍著眩人的美麗光芒，所以我一眼就能看到它。」

商人笑了，他說：「你埋怨機遇總找不到你，那是因爲你自己只是一枚普通的沙石，如果你是鑽石，就算是藏在大沙漠裡，機遇也會一眼就看見你的。」

很多時候，我們也都像商人的兒子一樣，總是埋怨機遇不來光顧自己，總是羨慕別人的幸運，但如果我們只滿足於自己是一枚普通的石頭，只是沉醉於自己和大多數人一樣，那麼機遇就是翻找半天，它也不會輕易找到你。
要讓機遇一眼就看到你，你就必須讓自己成爲鑽石。

打開心裡的門窗

作　　者　李雪峰

發 行 人　林敬彬
主　　編　楊安瑜
編　　輯　蔡穎如
內頁編排　泰飛堂設計
封面設計　泰飛堂設計

出　　版　大都會文化　行政院新聞局北市業字第89號
發　　行　大都會文化事業有限公司
110台北市信義區基隆路一段432號4樓之9
讀者服務專線：（02）27235216
讀者服務傳真：（02）27235220
電子郵件信箱：metro@ms21.hinet.net
網　　　　址：www.metrobook.com.tw

郵政劃撥　14050529　大都會文化事業有限公司
出版日期　2007年4月初版一刷
定　　價　200元

I S B N　978-986-6846-01-4
書　　號　Growth-016

Metropolitan Culture Enterprise Co., Ltd.
4F-9, Double Hero Bldg., 432, Keelung Rd., Sec. 1,
Taipei 110, Taiwan
Tel:+886-2-2723-5216　Fax:+886-2-2723-5220
E-mail:metro@ms21.hinet.net
Web-site:www.metrobook.com.tw

大都會文化　METROPOLITAN CULTURE

國家圖書館出版品預行編目資料

打開心裡的門窗. / 李雪峰 著.— 初版. — 臺北市 : 大都會文化, 2007[民96]　面 ;　公分. — (Growth ; 16)
ISBN 978-986-6846-01-4 (平裝)
1.人生哲學—通俗作品 2.修身

191　96003117

大都會文化　總書目

■度小月系列

路邊攤賺大錢【搶錢篇】	280元	路邊攤賺大錢2【奇蹟篇】	280元
路邊攤賺大錢3【致富篇】	280元	路邊攤賺大錢4【飾品配件篇】	280元
路邊攤賺大錢5【清涼美食篇】	280元	路邊攤賺大錢6【異國美食篇】	280元
路邊攤賺大錢7【元氣早餐篇】	280元	路邊攤賺大錢8【養生進補篇】	280元
路邊攤賺大錢9【加盟篇】	280元	路邊攤賺大錢10【中部搶錢篇】	280元
路邊攤賺大錢11【賺翻篇】	280元	路邊攤賺大錢12【大排長龍篇】	280元

■DIY系列

路邊攤美食DIY	220元	嚴選台灣小吃DIY	220元
路邊攤超人氣小吃DIY	220元	路邊攤紅不讓美食DIY	220元
路邊攤流行冰品DIY	220元	路邊攤排隊美食DIY	220元

■流行瘋系列

跟著偶像FUN韓假	260元	女人百分百：男人心中的最愛	180元
哈利波特魔法學院	160元	韓式愛美大作戰	240元
下一個偶像就是你	180元	芙蓉美人泡澡術	220元
Men力四射：型男教戰手冊	250元	男體使用手冊：35歲+♂保健之道	250元

■生活大師系列

遠離過敏：打造健康的居家環境	280元
兩岸用語快譯通	220元
魅力野溪溫泉大發見	260元
舞動燭光：手工蠟燭的綺麗世界	280元
雞尾酒的微醺世界：調出你的私房Lounge Bar風情	250元
肌膚也需要放輕鬆：徜徉天然風的43項舒壓體驗	260元
別再說妳不懂車：男人不教的Know How	249元
宅典	288元
這樣泡澡最健康：紓壓、排毒、瘦身三部曲	220元
台灣珍奇廟：發財開運祈福路	280元
寵愛你的肌膚：從手工香皂開始	260元
空間也需要好味道：打造天然香氛的68個妙招	260元
野外泡湯趣：魅力野溪溫泉大發見	260元
辦公室也能做瑜珈：上班族的紓壓活力操	220元
一國兩字：兩岸用語快譯通	200元

■寵物當家系列

Smart養狗寶典	380元
貓咪玩具魔法DIY：讓牠快樂起舞的55種方法	220元
漂亮寶貝在你家：寵物流行精品DIY	220元
我家有隻麝香豬：養豬完全攻略	220元
生肖星座招財狗	200元
Smart養貓寶典	380元
愛犬造型魔法書：讓你的寶貝漂亮一下	260元
我的陽光・我的寶貝：寵物真情物語	220元
SMART養狗寶典（平裝版）	250元
SMART養貓寶典（平裝版）	250元

■人物誌系列

現代灰姑娘	199元	黛安娜傳	360元
船上的365天	360元	優雅與狂野：威廉王子	260元
走出城堡的王子	160元	殤逝的英格蘭玫瑰	260元
貝克漢與維多利亞：新皇族的真實人生	280元	幸運的孩子：布希王朝的真實故事	250元
瑪丹娜：流行天后的真實畫像	280元	紅塵歲月：三毛的生命戀歌	250元
風華再現：金庸傳	260元	俠骨柔情：古龍的今生今世	250元
她從海上來：張愛玲情愛傳奇	250元	從間諜到總統：普丁傳奇	250元
脫下斗篷的哈利：丹尼爾·雷德克里夫	220元	蛻變：章子怡的成長紀實	260元
強尼戴普： 可以狂放叛逆，也可以柔情感性	280元	棋聖 吳清源	280元

■心靈特區系列

每一片刻都是重生	220元	給大腦洗個澡	220元
成功方與圓：改變一生的處世智慧	220元	轉個彎路更寬	199元
課本上學不到的33條人生經驗	149元	絕對管用的38條職場致勝法則	149元
從窮人進化到富人的29條處事智慧	149元	成長三部曲	299元
心態：成功的人就是和你不一樣	180元	當成功遇見你：迎向陽光的信心與勇氣	180元
改變，做對的事	180元	智慧沙	199元
課堂上學不到的100條人生經驗	199元	不可不防的13種人	199元
不可不知的職場叢林法則	199元	打開心裡的門窗	200元

■SUCCESS系列

七大狂銷戰略	220元	打造一整年的好業績	200元
超級記憶術：改變一生的學習方式	199元	管理的鋼盔： 商戰存活與突圍的25個必勝錦囊	200元
搞什麼行銷：152個商戰關鍵報告	220元	精明人總明人明白人： 態度決定你的成敗	200元
人脈=錢脈： 改變一生的人際關係經營術	180元	週一清晨的領導課	160元
搶救貧窮大作戰の48條絕對法則	220元	搜驚．搜精．搜金：從Google 的致富傳奇中，你學到了什麼？	199元
絕對中國製造的58個管理智慧	200元	客人在哪裡？： 決定你業績倍增的關鍵細節	200元
殺出紅海： 漂亮勝出的104個商戰奇謀	220元	商戰奇謀36計：現代企業生存寶典 I	180元
商戰奇謀36計：現代企業生存寶典 II	180元	商戰奇謀36計：現代企業生存寶典 III	180元
幸福家庭的理財計畫	250元	巨賈定律：商戰奇謀36計	498元
有錢真好：輕鬆理財的十種態度	200元	創意決定優勢	180元
我在華爾街的日子	220元	贏在關係： 勇闖職場的人際關係經營術	180元

■都會健康館系列

秋養生：二十四節氣養生經	220元	春養生：二十四節氣養生經	220元
夏養生：二十四節氣養生經	220元	冬養生：二十四節氣養生經	220元
春夏秋冬養生套書	699元	寒天：0卡路里的健康瘦身新主張	200元
地中海纖體美人湯飲	220元		

■CHOICE系列

入侵鹿耳門	280元	蒲公英與我：聽我說說畫	220元
入侵鹿耳門（新版）	199元	舊時月色（上輯＋下輯）	各180元
清塘荷韻	280元	飲食男女	200元

■FORTH系列

印度流浪記：滌盡塵俗的心之旅	220元	胡同面孔：古都北京的人文旅行地圖	280元
尋訪失落的香格里拉	240元	今天不飛：空姐的私旅圖	220元
紐西蘭奇異國	200元	從古都到香格里拉	399元
馬力歐帶你瘋台灣	250元	瑪杜莎豔遇鮮境	180元

■大旗藏史館

大清皇權遊戲	250元	大清后妃傳奇	250元
大清官宦沉浮	250元	大清才子命運	250元
開國大帝	220元		

■大都會運動館

野外求生寶典：活命的必要裝備與技能	260元	攀岩寶典：安全攀登的入門技巧與實用裝備	260元

■大都會休閒館

賭城大贏家：逢賭必勝祕訣大揭露 240元

萬國旗之旅 240元

旅遊達人：行遍天下的109個Do&Don't 250元

■FOCUS系列

中國誠信報告 250元

誠信：中國誠信報告 250元

中國誠信的背後 250元

■禮物書系列

印象花園 梵谷 160元

印象花園 高更 160元

印象花園 雷諾瓦 160元

印象花園 畢卡索 160元

印象花園 米開朗基羅 160元

印象花園 林布蘭特 160元

絮語說相思 情有獨鍾 200元

印象花園 莫內 160元

印象花園 竇加 160元

印象花園 大衛 160元

印象花園 達文西 160元

印象花園 拉斐爾 160元

印象花園 米勒 160元

■BEST系列

人脈＝錢脈：改變一生的人際關係經營術（典藏精緻版） 199元

■工商管理系列

二十一世紀新工作浪潮	200元	化危機為轉機	200元
美術工作者設計生涯轉轉彎	200元	攝影工作者快門生涯轉轉彎	200元
企劃工作者動腦生涯轉轉彎	220元	電腦工作者滑鼠生涯轉轉彎	200元
打開視窗說亮話	200元	文字工作者撰錢生活轉轉彎	220元
挑戰極限	320元	30分鐘行動管理百科（九本盒裝套書）	799元
30分鐘教你自我腦內革命	110元	30分鐘教你樹立優質形象	110元
30分鐘教你錢多事少離家近	110元	30分鐘教你創造自我價值	110元
30分鐘教你Smart解決難題	110元	30分鐘教你如何激勵部屬	110元
30分鐘教你掌握優勢談判	110元	30分鐘教你如何快速致富	110元
30分鐘教你提昇溝通技巧	110元		

■精緻生活系列

女人窺心事	120元	另類費洛蒙	180元
花落	180元		

■CITY MALL系列

別懷疑！我就是馬克大夫	200元	愛情詭話	170元
唉呀！真尷尬	200元	就是要賴在演藝圈	180元

■親子教養系列

孩童完全自救寶盒（五書+五卡+四卷錄影帶）	3,490元（特價2,490元）
孩童完全自救手冊：這時候你該怎麼辦（合訂本）	299元
我家小孩愛看書:Happy 學習 easy go!	220元
天才少年的5種能力	280元
哇塞！你身上有蟲！：學校忘了買、老師不敢教，史上最髒的科學書	250元

關於買書：

1.大都會文化的圖書在全國各書店及誠品、金石堂、何嘉仁、搜主義、敦煌、紀伊國屋、諾貝爾等連鎖書店均有販售，如欲購買本公司出版品，建議你直接洽詢書店服務人員以節省您寶貴時間，如果書店已售完，請撥本公司各區經銷商服務專線洽詢。

北部地區：(02)29007288 桃竹苗地區：(03)2128000 中彰投地區：(04)27081282
雲嘉地區：(05)2354380 臺南地區：(06)2642655 高雄地區：(07)3730087
屏東地區：(08)7376441

2.到以下各網路書店購買：

大都會文化網站（ http://www.metrobook.com.tw)
博客來網路書店（ http://www.books.com.tw)
金石堂網路書店（ http://www.kingstone.com.tw)

3.到郵局劃撥：

戶名：大都會文化事業有限公司　　帳號：14050529

4.親赴大都會文化買書可享8折優惠。

大都會文化
METROPOLITAN CULTURE

打開心裡的門窗

北區郵政管理局
登記證北台字第9125號
免貼郵票

大都會文化事業有限公司
讀者服務部收

110 台北市基隆路一段432號4樓之9

寄回這張服務卡(免貼郵票)
您可以：
◎不定期收到最新出版訊息
◎參加各項回饋優惠活動

大都會文化 讀者服務卡

書名：打開心裡的門窗

謝謝您選擇了這本書！期待您的支持與建議，讓我們能有更多聯繫與互動的機會。日後您將可不定期收到本公司的新書資訊及特惠活動訊息。

A.您在何時購得本書：_____年_____月_____日

B.您在何處購得本書：__________書店，位於__________(市、縣)

C.您從哪裡得知本書的消息：1.□書店 2.□報章雜誌 3.□電台活動 4.□網路資訊
5.□書籤宣傳品等 6.□親友介紹 7.□書評 8.□其他__________

D.您購買本書的動機：（可複選）1.□對主題或內容感興趣 2.□工作需要 3.□生活需要
4.□自我進修 5.□內容為流行熱門話題 6.□其他__________

E.您最喜歡本書的（可複選）： 1.□內容題材 2.□字體大小 3.□翻譯文筆 4.□ 封面
5.□編排方式 6.□其他

F.您認為本書的封面：1.□非常出色 2.□普通 3.□毫不起眼 4.□其他__________

G.您認為本書的編排：1.□非常出色 2.□普通 3.□毫不起眼 4.□其他__________

H.您通常以哪些方式購書：(可複選)1.□逛書店 2.□書展 3.□劃撥郵購 4.□團體訂購
5.□網路購書 6.□其他__________

I.您希望我們出版哪類書籍：（可複選）
1.□旅遊 2.□流行文化 3.□生活休閒 4.□美容保養 5.□散文小品
6.□科學新知 7.□藝術音樂 8.□致富理財 9.□工商企管 10.□科幻推理
11.□史哲類 12.□勵志傳記 13.□電影小說 14.□語言學習（　　語）
15.□幽默諧趣 16.□其他__________

J.您對本書(系)的建議：__________

____

K.您對本出版社的建議：__________

____

讀者小檔案

姓名：__________ 性別：□男 □女 生日：_____年_____月_____日

年齡：□20歲以下□21～30歲□31～40歲□41～50歲□51歲以上

職業：1.□學生 2.□軍公教 3.□大眾傳播 4.□ 服務業 5.□金融業 6.□製造業
7.□資訊業 8.□自由業 9.□家管 10.□退休 11.□其他 __________

學歷：□ 國小或以下 □ 國中 □ 高中／高職 □ 大學／大專 □ 研究所以上

通訊地址 __________

電話：（H）__________ （O）__________ 傳真：__________

行動電話：__________ E-Mail：__________

❖謝謝您購買本書，也歡迎您加入我們的會員，請上大都會網站www.metrobook.com.tw 登錄您的資料。您將不定期收到最新圖書優惠資訊和電子報。

大都會文化
METROPOLITAN CULTURE

大都會文化
METROPOLITAN CULTURE

大都會文化
METROPOLITAN CULTURE

大都會文化
METROPOLITAN CULTURE